सहर-ए-सुख़न

सहर प्रेमी
नीना कश्यप
लोकेश 'नादिर'

INDIA • SINGAPORE • MALAYSIA

ISBN
Paperback 979-8-89519-825-4
Hardcase 979-8-89588-601-4

सहर प्रेमी के जीवन की कुछ झलकियाँ

'सहर प्रेमी', उर्फ श्री देविंदर कुमार भल्ला, का जन्म 1933 में नारोवाल (वर्तमान पाकिस्तान) में हुआ था। 1947 के विभाजन के दौरान वे अपने परिवार के साथ भारत आ गए और अंततः हरियाणा के समालखा में बस गए। अंग्रेजी और इतिहास में एम.ए. पूरा करते हुए, उन्होंने एक शिक्षक के रूप में कार्य किया और बाद में हरियाणा के विभिन्न सरकारी स्कूलों में प्रधानाध्यापक रहे।

सहर प्रेमी एक प्रसिद्ध उर्दू शायर थे, जो हरियाणा के साहित्यिक हलकों में प्रमुखता से उभरे। उनकी मनोहारी ग़ज़लें और नज़्में, प्यार, विरह, ईश्वर, अस्तित्ववाद और देशभक्ति से ओतप्रोत सार्वभौमिक विषयों के कारण, स्थानीय पाठकों के दिलों में बस गईं। उर्दू भाषा के अपने कुशल उपयोग के लिए जाने जाते हुए, उन्होंने अपनी ग़ज़लों में भावनाओं और अनुभवों को सहजता से पिरोया। हरियाणा उर्दू एकादमी द्वारा सम्मानित, वे 1970 से 2000 के दशक तक, कई मुशायरों में मुख्य अतिथि रहे। 1987 में, उन्होंने अपना प्रशंसित पहला संग्रह, 'सहर-ए-सुखन', उर्दू में प्रकाशित किया, जो उनकी शायराना प्रतिभा का स्थायी प्रमाण है।

अपनी साहित्यिक उपलब्धियों से परे, सहर प्रेमी अपने समाज के एक सम्मानित सदस्य और उभरते हुए शायरों के लिए एक प्रेरणा स्रोत थे। एक समर्पित समाज सेवी के रूप में, उन्होंने वंचित बच्चों को मुफ्त शिक्षा प्रदान की और नेत्र स्वास्थ्य के क्षेत्र में अथक प्रयास किया। लायंस क्लब के सचिव के रूप में, उन्होंने अपने और आसपास के कस्बों में कई निःशुल्क नेत्र जांच शिविर आयोजित किए। 2004 में कैंसर से पीड़ित होकर, 2007 में उनका निधन हो गया।

सहर प्रेमी की बेटी नीना कश्यप ने उनकी चुनिंदा ग़ज़लों और शे'रो का कुशलतापूर्वक हिंदी में रूपांतरण किया है, जिसका परिणाम यह पुस्तक है। उनका मानना है कि यह संग्रह 'सहर प्रेमी' की साहित्यिक दुनिया और अनुभवों की एक झलक पेश करता है और व्यापक दर्शक वर्ग का हक़दार है।

सहर प्रेमी के नाती, नादिर उर्फ लोकेश कश्यप ने अपनी कविताओं और शे'रो की एक श्रृंखला के साथ इस असाधारण पारिवारिक विरासत का एक उपयुक्त समापन किया है।

SAMAJ SEWA SAMITI

अभिस्वीकृति

मेरे बचपन की शुरुआती यादों में से एक है, हर रात मेरे पिता का हमें गाने सुनाना। हालाँकि, मैं उस समय कुछ नहीं समझ पाती थी, लेकिन वह धुन बहुत ही प्यारी लगती थी, जैसे कि उसमें प्रेम घुला हुआ हो। कई वर्षों तक यह मेरे दिन का सबसे पसंदीदा हिस्सा रहा। जैसे-जैसे मैं बड़ी होती गई, मैंने उनकी ग़ज़लों को कुछ हद तक समझना शुरू किया, जबकि इन रात की बैठकों की आवृत्ति जीवन की व्यस्तताओं के साथ घटती चली गई। यह सिलसिला मेरे विवाह के बाद बहुत कम हो गया और 2004 में पूरी तरह से थम गया, जब उनके कैंसर का पता चला और 2007 में उनका निधन हो गया। यह अंतराल 17 सालों तक रहा, जब तक कि 2020 में, मेरी सेवानिवृत्ति के बाद, मैंने इसे भरने के लिए उर्दू सीखने और उनके कार्यों को हिंदी में लिप्यंतरित करने का निर्णय लिया।

सबसे पहले, मैं अपने पिता, श्री देविंदर कुमार भल्ला, उर्फ़ सहर प्रेमी, का आभार व्यक्त करना और इस पुस्तक को उन्हें समर्पित करना चाहती हूँ। ये ग़ज़लें और शायरी उनके बिना संभव नहीं थीं।

मैं रेख़्ता की उर्दू सीखने की ऐप 'आमोज़िश' की आभारी हूँ, जिसने उर्दू सीखने के मेरे सफर की शुरुआत की और उसकी नींव रखी।

इस पुस्तक के निर्माण में मेरे पति (मदन कश्यप), मेरी बेटी (कृति), और मेरे बेटे (लोकेश) का अडिग समर्थन और लगातार प्रोत्साहन अहम रहा। लोकेश 'नादिर' ने, जो इस पुस्तक के सह-लेखक भी हैं, अपनी कविताओं और शायरी के संग्रह के साथ, इस पुस्तक को संपादित करने और प्रकाशित कराने की पूरी जिम्मेदारी उठाई। यह इन की अथक मेहनत का ही परिणाम है कि ग़ज़लों का यह संग्रह अब आप तक पहुँचा है।

मुझे विश्वास है कि आप सभी पाठक इस पुस्तक को अपार स्नेह देंगे और इसे सफल बनाएँगे।

नीना कश्यप

अनुक्रमणिका

लोकेश 'नादिर' की कलम से

1

हंस हंस के ग़मज़दो पे न उनको रुलाइए

हंस हंस के **ग़मज़दो**[1] पे न उनको रुलाइए
जिस तौर हो सके उन्हें हंसना सिखाइए

खाते नहीं क़सम जो वफ़ा की, न ख़ाइए
सीने पे हाथ रख के नज़र तो मिलाइए

ये इक अदा रुलाएगी हम को तमाम उम्र
जाते हुए न प्यार से यूँ मुस्कराइए

ग़ैरों पे एतबार बड़ी बात है, मगर
अपनों को बार बार तो न आज़माइए

शमा वो क्या जो **ज़ुल्मतों**[2] की नज़र हो गई
मद्धम ना हो कभी जो, वो शमा जलाइए

कौन अपना कौन ग़ैर है पहचान कुछ नहीं
अब किस से रूठ जाइए किस को मनाइए

अपनों की बेवफ़ाईयाँ जीने न दे अगर
है **मसलहत**[3] यही कि उन्हें भूल जाइए

जितने पुराने ज़ख़्म थे वो कब के भर चुके
हाँ! हाँ! कोई अब और ही **चर्का**[4] लगाइए

क्यूं दे रहे हो 'सहर' को झूठी तसल्लियाँ
जाते हुए फिर आने की क़समें न ख़ाइए।।

1 - दुखों	2 - अंधेरों
3 - परामर्श	4 - घाव

2

वफ़ा करने लगी है कुछ असर आहिस्ता आहिस्ता

वफ़ा करने लगी है कुछ असर आहिस्ता आहिस्ता
इधर उठने लगी है वो नज़र आहिस्ता आहिस्ता

वफ़ा के नाम पर पहले सा अब **बरहम**[1] नहीं होता
वो बुत भी आ गया है राह पर आहिस्ता आहिस्ता

इस अपने **हुस्न-ए-यक्ता**[2] पर अबस इतरा रहे हो तुम
कि ढल जाते हैं **ख़ुर्शीद-ओ-कमर**[3] आहिस्ता आहिस्ता

ना मिल पाया हमे कुछ भी सुराग़-ए-मंज़िल-ए-हस्ती
अदम[4] तक ले चला है ये सफर आहिस्ता आहिस्ता

ख़ुदा का नाम मिटता जा रहा है **बज़्म-ए-हस्ती**[5] से
ख़ुदा होने लगा है हर बशर आहिस्ता आहिस्ता

तुम्हारी **चश्म-ए-मय-गूँ**[6] ने अजब जादू जगाए हैं
हुआ **नज़्म-ए-जहाँ**[7] **ज़ेर-ओ-ज़बर**[8] आहिस्ता आहिस्ता

जो तुम रूठे ख़ुदा रूठा ज़मीं-ओ-आसमाँ रूठे
सभी ने फेर ली अपनी नज़र आहिस्ता आहिस्ता

तुम्हारी इक नज़र टकराई थी जो मिरी नज़रों से
वही आख़िर गई दिल में उतर आहिस्ता आहिस्ता

भले दिन 'सहर' अपने भी कभी तो आ ही जाएँगे
बदल ही जाएंगे शाम-ओ-सहर आहिस्ता आहिस्ता।।

1 - नाराज़	2 - सर्वोत्तम सौंदर्य
3 - सूरज और चाँद	4 - मौत
5 - अस्तित्व	6 - नशीली आँखें
7 - दुनिया का तौर तरीका	8 - उलट पुलट

3

याद उन की दुश्मन-ए-आराम हो कर रह गई

याद उन की दुश्मन-ए-आराम हो कर रह गई
बे-क़रारी इश्क़ का इनाम हो कर रह गई

ज़ीस्त अपनी **कुश्ता-ए-आलाम**[1] हो कर रह गई
हाँ! **रहीन-ए-गर्दिश-ए-अय्याम**[2] हो कर रह गई

हर कदम पर हम नई उलझन में फँस कर रह गए
ज़िंदगानी इक मुसलसल दाम हो कर रह गई

ज़िंदगी में हो सका ना हम को एहसास-ए-ख़ुशी
ज़िंदगी अपनी शिकस्ता जाम हो कर रह गई

तल्ख़ियाँ[3] माज़ी की कुछ यूँ ज़हन पर छाई रही
इशरत-ए-नौ[4] इक ख़्याल-ए-ख़ाम हो कर रह गई

हर नया दिन साथ लाया कुछ नई मायूसियाँ
हर सहर अपने लिए तो शाम हो कर रह गई

हो गया दिल पर **तसल्लुत**[5] इस तरह आलाम का
हर ख़ुशी आख़िर बराए-नाम हो कर रह गई

दर्द-ओ-रंज-ओ-ग़म शरीक-ए-ज़िंदगी थे हर तरह
मौत आख़िर मुफ़्त में बदनाम हो कर रह गई

दिल्लगी आग़ाज़-ए-उल्फ़त है ये माना हमनशीं!
और अगर दिल की लगी अंजाम हो कर रह गई?

इश्क़ का एज़ाज़ पहले था किसी को ही नसीब
अब ये तोहमत हर किसी के नाम हो कर रह गई

शैख़ साहब! आप से कमज़र्फ़ लोगों के **तुफ़ैल**[6]
मय-परस्ती दहर में बदनाम हो कर रह गई

ग़म ज़माने भर के सब हिस्से में मिरे आ गए
हर ख़ुशी दुनिया की उन के नाम हो कर रह गई

मैं तो मर कर भी उन्हें ऐ 'सहर' कर पाया ना खुश
कोशिश-ए-आख़िर भी ये नाकाम हो कर रह गई।।

1 - मुसीबतों का मारा	2 - कालचक्र का बंधक
3 - कड़वापन	4 - नई ख़ुशी
5 - अधिकार	6 - कारण

4

गैरों का ज़िक्र रोज़ हमारा कभी कभी

गैरों का ज़िक्र रोज़ हमारा कभी कभी
शैदा[1] रहा है ये भी तुम्हारा कभी कभी

हो जायें दर्द-ए-हिज्र का चारा कभी कभी
इतना करम तो हम पे खुद्दारा कभी कभी

शिकवों में कट गई है हमारी **शब-ए-विसाल**[2]
हमने ये खेल जीत के हारा कभी कभी

ये है अगर क़सूर तो हम हैं क़सूरवार
हमने लिया है नाम तुम्हारा कभी कभी

वारफ़्तगी[3] का, **ज़ौक़-ए-सफ़र**[4] की, था ये कमाल
मंज़िल ने ख़ुद भी मुझ को पुकारा कभी कभी

किश्ती को अपनी आप ही तूफ़ाँ में ले गए
आया है पास यूँ तो किनारा कभी कभी

लम्हात-ए-वस्ल[5] गुज़रे **गराँ**[6] हम पे बारहा
तनहाईयाँ बनी हैं सहारा कभी कभी

खोये गए कहाँ हमे कुछ भी पता ना था
कहते हैं हमने ख़ुद को पुकारा कभी कभी

तूफाँ में हमने दिल की तसल्ली के वास्ते
गिर्दाब[7] को कहा है किनारा कभी कभी

कुछ तो गुनाह मिरे ख़ुदाया मुआफ़ हों
मैंने लिया है नाम तुम्हारा कभी कभी

आख़िर बशर हैं 'सहर' ख़ुदा तो नहीं हैं हम
फ़िर क्या हुआ जो हौसला हारा कभी कभी।।

1 - आशिक़	2 - मिलन की रात
3 - मग्नता	4 - सफ़र का आनंद
5 - मिलने के लम्हे	6 - बोझिल
7 - बवंडर	

5

दिल-ए-कज-फ़हम को हम से तो समझाया नहीं जाता

दिल-ए-**कज-फ़हम**[1] को हम से तो समझाया नहीं जाता
किसी भी तौर राह-ए-रास्त पर लाया नहीं जाता

ख़याल-ए-तर्क-ए-उल्फ़त[2] ज़हन में लाया नहीं जाता
सकूँ परवर हो कितना ज़हर तो खाया नहीं जाता

मिरा **ज़ौक़-ए-नज़र ज़ौक़-ए-तजस्सुस**[3] तो कोई देखो
उसी को ढूँढ़ता हूँ जो कहीं पाया नहीं जाता

तसव्वुर[4] में तो हरदम मैं उसी महफ़िल में रहता हूँ
जहाँ मुझ से, कि मिरे साये से जाया नहीं जाता

तुम्हारी याद भी होती नहीं अब **बाइस-ए-तस्कीं**[5]
किसी भी तौर अब तो दिल को बहलाया नहीं जाता

मुहब्बत में शिकायत भी दिल-ए-नादाँ नहीं अच्छी
रहूँ ख़ामोश तो घुट कर भी मर जाया नहीं जाता

भुला दें किस तरह उन को भुलाना जिन को मुश्किल है
ये है वो मस'अला जो हम से सुलझाया नहीं जाता

कहीं हों **अहल-ए-दिल**[6] तो ज़िक्र-ए-उल्फ़त भी करें उन से
ये वो नग़मा है जो हर बज़्म में गाया नहीं जाता

फ़रेब-ए-दोस्ती में हम लुटे हैं बारहा फिर भी
जो आये दोस्त बन कर उस को ठुकराया नहीं जाता

ये दिल का माजरा है इस को अहल-ए-दिल ही समझेंगे
ख़िरदमंदों[7] से ये **उक्दा**[8] तो सुलझाया नहीं जाता

उठेंगे हम तो दुनिया ही से उठ जाएँगे ऐ हमदम!
तिरी महफ़िल से उठ कर अब कहीं जाया नहीं जाता

ना जाने ग़ैर उन से क्या उम्मीदें ले के बैठे हैं
कि जिन से 'सहर' अपनों को भी अपनाया नहीं जाता।।

1 - उल्टी अक़्ल वाला	2 - प्यार त्यागने का विचार
3 - खोज/तलाश का आनंद	4 - कल्पना
5 - तसल्ली का कारण	6 - दिल के योग्य
7 - अक़्लमंदों	8 - कठिन समस्या

6

कभी हम पर भी वो बुत मेहरबाँ हो जाए, नामुमकिन

कभी हम पर भी वो बुत मेहरबाँ हो जाए, नामुमकिन
मुहब्बत भी जहाँ में **कामरा**[1] हो जाए, नामुमकिन

कुछ इस ढब से निज़ाम-ए-गुलिस्ताँ हो जाए, नामुमकिन
बहार-ए-आगीं कभी **दौर-ए-खिजाँ**[2] हो जाए, नामुमकिन

मज़ा जब है कि हम को **काबिल-ए-मश्क-ए-सितम**[3] समझे
मगर इतना भी वो बुत मेहरबाँ हो जाए, नामुमकिन

समझ कर दोस्त दुश्मन को लगा लेते हैं सीने से
हमें अपनों पे गैरों का गुमाँ हो जाए, नामुमकिन

मेरी हर इल्तिजा पर वो 'नहीं' कह देते हैं फ़ौरन
कभी एक बार भूले से भी 'हाँ' हो जाए, नामुमकिन

मुहब्बत के असर का किस तरह मुझ को यक़ीं आए
यहाँ जो दिल की हालत है वहाँ हो जाए, नामुमकिन

कुछ इस हद तक हर इक बंदे को दावा है खुदाई का
कि अब बंदे पे बंदे का गुमाँ हो जाए, नामुमकिन

तुझे ए नाख़ुदा हरगिज़ ख़ुदा हम कह नहीं सकते
कभी कतरा भी **बहर-ए-बेकराँ**[4] हो जाए, नामुमकिन

मिरी मंज़िल वो मंज़िल है कभी जो मिल नहीं सकती
सराब-ए-दश्त[5] भी **आब-ए-रवाँ**[6] हो जाए, नामुमकिन

मज़ा जब है कफ़स भी आशियाँ के साथ जल उठे
कभी यूँ मेहरबाँ **बर्क-ए-तपाँ**[7] हो जाए, नामुमकिन

खामोशी ही बयाँ कर दे तो कर दे **ऐन**[8] मुमकिन है
ज़बाँ से हाल-ए-दिल अपना बयाँ हो जाए, नामुमकिन

किसी भी दिलजले को कौन रोके आह-ओ-नाला से
अलग ऐ 'सहर' आतिश से धुआँ हो जाए, नामुमकिन।।

1 - कामयाब	2 - पतझड़ का मौसम
3 - लगातार ज़ुल्म करते रहने के लायक़	4 - अंतहीन समुद्र
5 - जंगल की मृगतृष्णा	6 - बहता हुआ पानी
7 - तपा देनी वाली बिजली	8 - बिलकुल

7

काश! वो शोख़ मिरे दिल में मकीं हो जाए

काश! वो शोख़ मिरे दिल में **मकीं**[1] हो जाए
मिरी उजड़ी हुई दुनिया भी हसीं हो जाए

मिरे सजदों को ये एजाज़ अता कर या-रब!
नक़्श-ए-पा[2] उन का मिरा **नक़्श-ए-जबीं**[3] हो जाए

तिरे इंकार में भी होता है इक़रार का लुत्फ़
'हाँ' ना कहने की जो ज़िद है तो नहीं हो जाए

महफ़िल-ए-पीर-ए-मुगाँ[4] हो कि हो **बज़्म-ए-जानाँ**[5]
दिल को बरबाद ही होना है कहीं हो जाए

हश्र में वो भी मिरे सामने होंगे या-रब
फ़ैसला अपना तो बेहतर है यहीं हो जाए

मोजिज़े[6] करता है ऐ 'सहर' मिरा हुस्न-ए-नज़र
इक नज़र डाल दूँ जिस शै पे हसीं हो जाए।।

1 - मकान में रहने वाला
2 - पैर के निशान
3 - माथे के निशान
4 - धर्मगुरुओं का समूह
5 - महबूब की महफ़िल
6 - चमत्कार

8

करम को भी सितम समझे, वफ़ा को भी जफ़ा समझे

करम को भी सितम समझे, वफ़ा को भी जफ़ा समझे
पड़े पत्थर समझ पर अपनी, हम समझे तो क्या समझे

लुटे हम दिल के हाथों हर कदम पर राह-ए-हस्ती में
वो निकला राहज़न जिस को हम अपना रहनुमा समझे

जनाब-ए-शैख़ को भी मैकदे में हमने कल देखा
ग़ज़ब के **रिंद**[1] वो निकले जिन्हें हम **पारसा**[2] समझे

समझ में कुछ नहीं आता सबब उनके बिगड़ने का
कहा था हाल-ए-दिल हमने ख़ुदा जाने वो क्या समझे

सफ़ीने[3] गर्क होते हैं फ़क़त उस के इशारों पर
बहुत की भूल हमने जो ख़ुदा को नाख़ुदा समझे

हमें आदत है सच्ची बात मुँह पर साफ़ कहने की
ग़रज़ इस से नहीं कोई भला समझे, बुरा समझे।।

1 - शराबी
2 - सदाचारी
3 - कश्ती

9

हसीनान-ए-जहाँ की शाने-ए-सुल्तानी नहीं जाती

हसीनान-ए-जहाँ[1] की शाने-ए-सुल्तानी नहीं जाती
अभी तक **अहल-ए-उल्फ़त**[2] पर सितमरानी नहीं जाती

बुतों को पूजते हैं लोग अब अपना ख़ुदा कह कर
ख़ुदा के नाम पर ये **कुफ़्र-ए-सामानी**[3] नहीं जाती

ग़म-ए-इमरोज़[4] से निपटे तो खाता है **ग़म-ए-फ़रदा**[5]
परेशानी की क्या कहिए, परेशानी नहीं जाती

कभी अंजुम, कभी मोती, कभी शोले, कभी शबनम
किसी सूरत मिरे अश्क़ों की, **ताबानी**[6] नहीं जाती

किसी की याद में दीवानगी का अब ये आलम है
कि उस की शक्ल भी अब मुझ से पहचानी नहीं जाती

नहीं होता ग़म-ए-दिल का मुदावा कुछ नहीं होता
नहीं जाती किसी सूरत पशेमानी नहीं जाती

नशा ये हुस्न का आख़िर उतर ही जाएगा इक दिन
कोई है भी वो दरिया जिसकी **तुग़यानी**[7] नहीं जाती?

जिसे देखा ख़रीदार-ए-मुहब्बत ही उसे पाया
ये वो **जिंस गराँ**[8] है जिस की **अर्ज़ानी**[9] नहीं जाती

बशर अब उन हदों से भी कहीं आगे निकल आया
जहाँ सुनते थे हरगिज़ अक़्ल-ए-इंसानी नहीं जाती

हमेशा बे-सबब तुम दर पर **आज़ार**[10] रहते हो
कोई आदत भी इन्साँ की ब-आसानी नहीं जाती

सताते हैं वो मुझ को 'सहर' क्यूँ ख़्वाबों में आ आ कर
कि जिन से दिन को मिरी शक्ल पहचानी नहीं जाती।।

1 - दुनिया की सुंदरियाँ	2 - प्रेमी
3 - नास्तिकों जैसी बातें करना	4 - आज का डर
5 - भविष्य का डर	6 - चमक
7 - सैलाब	8 - बहुमूल्य वस्तु
9 - सस्तापन	10 - दुख देने वाले

10

तिरे नाज़ उठाने को जी चाहता है

तिरे नाज़ उठाने को जी चाहता है
मुक़द्दर बनाने को जी चाहता है

फुगाँ[1] लब पे लाने को जी चाहता है
क़यामत उठाने को जी चाहता है

नही मर के भी भूलना जिन को मुमकिन
उन्हें भूल जाने को जी चाहता है

तुम्हें देख कर आज जान-ए-तमन्ना
मुहब्बत जताने को जी चाहता है

वो ग़म जिस की लज़्ज़त है मालूम दिल को
वो ग़म फिर उठाने को जी चाहता है

ज़रा बिजलियों को तो आवाज़ देना
नशेमन बनाने को जी चाहता है

ये दिल आज़माइश में ठहरे ना ठहरे
मगर आज़माने को जी चाहता है

बहारें कहाँ रास आएँगी मुझ को
ख़िज़ाँ को मनाने को जी चाहता है

ग़म-ए-ताज़ा की ये है **तमहीद**[2] शायद
मिरा मुस्कराने को जी चाहता है

घड़ी भर यूँ ही रूठ जाओ खुद्दारा
तुम्हें फिर मनाने को जी चाहता है

तुम्हारी इन आँखों की गहराइयों में
मिरा डूब जाने को जी चाहता है

नज़र का ये परदा जो **हाइल**[3] है अब तक
इसे 'सहर' उठाने को जी चाहता है।।

1 - पुकार, दुहाई
2 - भूमिका
3 - बाधक

11

ग़म का इक तूफ़ान हो जैसे

ग़म का इक तूफ़ान हो जैसे
हश्र का हर **इम्कान**[1] हो जैसे

आज बशर ऐसे जीता है
जीना इक **बुहतान**[2] हो जैसे

रंज में है मरने की तमन्ना
मरना कुछ आसान हो जैसे

ज़िंदा हैं अब तक दुनिया में
आप का ही अहसान हो जैसे

यूँ करते हैं गिला ख़ुदा का
वो भी इक इंसान हो जैसे

मौत से यूँ डरते हैं आशिक़
इस में कुछ नुक़सान हो जैसे

आज मिला यूँ हमसे कोई
मुद्दत से पहचान हो जैसे

वो आ जायें - वो आ जायें
अब तो यही अरमान हो जैसे

'सहर' को सब यूँ देख रहे हैं
आज ही का मेहमान हो जैसे।।

1 - संभावना	2 - झूठा इल्ज़ाम

12

बहार आने पे गुलशन में अजब ये माजरा होगा

बहार आने पे गुलशन में अजब ये माजरा होगा
कोई दामन गुलों से कोई काँटों से भरा होगा

ब-रोज़-ए-हश्र[1] जब उस से हमारा सामना होगा
हम उसको देखते होंगे वो हमको देखता होगा

उन्हीं को हक़ है जीने का जो मरने से ना घबराएं
जो जीने से भी घबराएं वो मर जायें तो क्या होगा

तुझे अपना कहूँ ग़ैरों की महफ़िल में ये नामुमकिन
कभी हाँ! बेख़ुदी में मैंने ऐसा कह दिया होगा

तिरा ही नाम है लब पर तिरा ही ध्यान है दिल में
ख़ुदा कह दूँ तुझे हमदम तो क्या ये **नारवा**[2] होगा!

ना आना हो तो ख़्वाबों में भी आप आएं ना अब हरगिज़
किसी **फ़ुरक़त**[3] के मारे पर करम ये आपका होगा

मिरा होना ना होना है तुम्हारी बज़्म में **यकसाँ**[4]
न था तो तुमको क्या ग़म था न हूँगा मैं तो क्या होगा

मुकद्दर तो मुकद्दर है **सर-ए-तसलीम ख़म**[5] कर दे
बुरा होगा भला होगा तिरी कोशिश से क्या होगा

हमें भी देख ले इक दिन कभी वो मेहरबाँ हो कर
हमारी ज़िंदगी में 'सहर' क्या ये **मोजिज़ा**[6] होगा?

1 - प्रलय का दिन	2 - अनुचित
3 - जुदाई	4 - एक जैसा
5 - सिर को हामी में झुकाना	6 - चमत्कार

13

नज़र के सामने हरदम कुछ ऐसे आसमाँ भी हैं

नज़र के सामने हरदम कुछ ऐसे आसमाँ भी हैं
जो देखें तो **अयाँ**[1] भी हैं जो ढूँढे तो **निहाँ**[2] भी हैं

नज़र ने जिन को देखा है ना दिल ने जिन को पहचाना
तसव्वुर में बशर के आज वो **कौन-ओ-मकाँ**[3] भी है

ना इतरा इस कदर ऐ **बरक**[4] अपनी **शो'ला रेज़ी**[5] पर
जला सकती नहीं तू जिन को ऐसे आशियाँ भी हैं

यकीनन इश्क़ की मंज़िल बहुत दिलचस्प है लेकिन
बना देते हैं जो दम पर कुछ ऐसे इम्तहाँ भी है

मैं अपना हाल-ए-दिल किस से कहूँ, क्यूँ कर कहूँ हमदम!
वही है राज़दाँ मेरे जो उन के राज़दाँ भी है

मिरा ही **अज़्म**[6] दोहराते हैं हर शब शमा पर आ कर
ये परवाने तिरी महफ़िल के मिरे हमज़बाँ भी है

ज़रूरत क्या **तवाफ़-ए-दैर-ओ-क़ाबा**[7] की दिल-ए-नादाँ
वो जल्वे जो वहाँ होते हैं सब के सब यहाँ भी हैं

कुछ ऐसे दर भी हैं जिन पर झुकाए भी नहीं झुकता
जहाँ झुक कर नहीं उठता यह सर, वो **आस्ताँ**[8] भी है

बचाया हर **तलातुम**[9] से, थे **मीर-ए-कारवाँ**[10] वो भी
बचा पाए ना साहिल पर वो मीर-ए-कारवाँ भी हैं

तू दिल में एक **नश्तर**[11] है, नज़र में ख़ार है जिन की
तिरी महफ़िल में कुछ ऐ 'सहर' ऐसे मेहरबाँ भी हैं।।

---

1 - स्पष्ट दिखने वाला	2 - छिपा हुआ
3 - दुनिया	4 - बिजली
5 - आग बरसाना	6 - संकल्प
7 - मंदिर और मस्जिद की परिक्रमा	8 - दहलीज़
9 - तूफ़ान	10 - कारवाँ का मुखिया
11 - ख़ंजर	

14

मर मर के जिये जाएंगे, ग़म हम ना करेंगे

मर मर के जिये जाएंगे, ग़म हम ना करेंगे
इस **लज़्जत-ए-उल्फ़त**[1] को तो कम, हम ना करेंगे

हम **ख़ूगर-ए-बेदाद**[2] हैं, सी लेंगे लबों को
कुछ शिकवा-ए-बेदाद-ओ-सितम, हम ना करेंगे

दुश्वारी-ए-मंज़िल का यकीं ले के चले हैं
दुश्वारी-ए-मंज़िल का भ्रम, हम ना करेंगे

तू भी जो कसम ले ले, ना याद आने की हम को
फिर याद तुझे तिरी क़सम, हम ना करेंगे

सौगात-ए-ग़म-ए-इश्क़ है, इक दौलत-ए-नायाब
लुटने का राह-ए-इश्क़ में ग़म, हम ना करेंगे

हम उन के सितम ही को करम कहने लगे थे
वो कहते हैं अब और सितम, हम ना करेंगे

है जान से बढ़ कर हमें **तौकीर-ए-मुहब्बत**[3]
हरगिज़ कभी तौकीर ये कम, हम ना करेंगे

इक बार तिरे दर पे जो ख़म, हम ने किया है
सर और किसी दर पे वो ख़म, हम ना करेंगे

लूटा है हमे तुम ने, ये कह देंगे जहाँ से
ये ज़िक्र कि क्यों लुट गए हम, हम ना करेंगे

रूदाद-ए-जुनूँ[4] आज सुनाने को उठे हैं
पाबन्द-ए-**ख़िरद**[5] **लौह-ओ-क़लम**[6], हम ना करेंगे

कैफ़ियत-ए-दिल[7] आँखों से ज़ाहिर है तो हो जाये
कैफ़ियत-ए-दिल 'सहर' **रक़म**[8], हम ना करेंगे।।

1 - प्रेम का आनंद	2 - ज़ुल्म के आदि
3 - प्यार का सम्मान	4 - इश्क़ का समाचार
5 - बुद्धि	6 - तख़्ती और कलम
7 - दिल का हाल	8 - लिखना

15

ताज्जुब क्या जो हक़ को बातिल-ओ-मुबहम समझते हैं

ताज्जुब क्या जो हक़ को **बातिल-ओ-मुबहम**[1] समझते हैं
जुनूँ की **रम्ज़**[2] को **अहल-ए-ख़िरद**[3] कुछ कम समझते हैं

मिरे अश्क़ों में **पिन्हाँ**[4] **गर्मी-ए-बर्क़-ए-तपाँ**[5] भी है
वो क्या समझें हैं इन शोलों को जो शबनम समझते हैं

हमेशा चुप ही पाया है उन्हें अर्ज़-ए-तमन्ना पर
हमें कुछ कह नहीं पाते कि वो कुछ कम समझते हैं

मरीज़ान-ए-मुहब्बत[6] की ये खुश फ़हमी भी क्या शै है
बना दे इन के जो दम पर उसे हमदम समझते हैं

तुम्हारी बज़्म में आ कर भी जो जीने के **ख्वाहाँ**[7] हैं
बहुत कम-फ़हम हैं वो राज़-ए-उल्फ़त कम समझते हैं

किसी ने छेड़ दी होगी हमारी बात महफ़िल में
ये तेवर, ये **मिज़ाज-ए-हुस्न-ए-बरहम**[8], हम समझते हैं

बशर वो हैं जिन्हें हर ग़म ख़ुशी का **पेश-ख़ैमा**[9] है
बशर वो क्या ख़ुशी को जो बिनाये-ए-ग़म समझते हैं

किसी के **वादा-ए-फर्दा**[10] का मतलब कुछ नहीं लेकिन
हमारी है ये खुश फ़हमी अगर कुछ हम समझते हैं

हमें तो तिरी आँखें सर-बसर कातिल नज़र आयें
वो कैसे लोग हैं जो इनको **जाम-ए-जम**[11] समझते हैं

इन्हें रहबर कहें हम, इस में है कुछ मसलहत, वरना
कहाँ पहुचाएँगे हम को ये रहबर, हम समझते हैं

बताएँगे ना वो हरगिज़ किसी को मुद्दा अपना
जो उन के दिल में है वो हम से पूछो, हम समझते हैं

लुटा है दिल के हाथों ज़िंदगी का कारवाँ अपना
अजब है 'सहर' फिर भी इस को रहबर हम समझते हैं।।

1 - झूट और अस्पष्ट	2 - इशारा
3 - बुद्धिमान	4 - छिपा हुया
5 - बिजली की तपती हुई जलन	6 - इश्क़ का बीमार
7 - इच्छुक	8 - हुस्न के ख़फ़ा होने की आदत
9 - पूर्व योजना	10 - मिलने का वादा
11 - जमशेद का प्याला	

16

ज़ीस्त को खेल तमाशा ही ना जानो, देखो

ज़ीस्त[1] को खेल तमाशा ही ना जानो, देखो
मुद्दा भी है कोई इसका ये समझो, देखो

ज़िक्र क्या उनका जो मरने से भी पहले मर जाएँ
बाद मरने के भी ज़िंदा है जो, उनको देखो

आँख से गिर कर तो बस ख़ाक में मिल जाओगे
आंसुओं ठहरो, रुको, संभलो, ना मचलो, देखो

राहज़न[2] बन के चले आते तो कुछ ग़म ही ना था
राहबर[3] बन के तो यूँ हम को ना लूटो, देखो

कुछ हसीं यादें ही बस एक सहारा है मेरा
ज़िंदगी भर का **असासा**[4] तो ना छीनो, देखो

दिल-ए-बेताब मचल उठा तो मुश्किल होगी
इस तरह प्यार से यूँ हम को ना देखो, देखो

दिल्लगी दिल की लगी बन कर पड़ेगी महँगी
आग से खेल रहे हो ज़रा सोचो, देखो

हुस्न की **बज़्म**[5] में तुम चाहे कहो जो कुछ भी
ज़िक्र-ए-अरबाब-ए-वफ़ा[6] इस में ना छेड़ो, देखो

सहन-ए-गुलशन[7] में फ़क़त गुल नहीं काँटें भी हैं
अपने दामन को बचाओ ज़रा संभलो, देखो

गिरना और गिर के संभल जाना बड़ी बात सही
लग़जिश-ए-पा[8] का मगर राज़ तो समझो, देखो

देख कर भी जो नहीं देखते मेरी **जानिब**[9]
दिल ये कहता है उन्हें बारहा देखो, देखो

ज़िंदगी भर था जिसे जान से बढ़ कर जाना
दुश्मन-ए-जाँ है वही 'सहर' का यारों, देखो।।

---

1 - ज़िंदगी
2 - लुटेरा
3 - मार्गदर्शक
4 - पूँजी
5 - महफ़िल
6 - हुस्न के मालिक की वफ़ा का चर्चा
7 - गुलिस्ताँ
8 - पैरो का लड़खड़ाना
9 - ओर

17

हर फूल के पहलू में हो इक ख़ार भी पिन्हाँ

हर फूल के पहलू में हो इक **ख़ार**[1] भी **पिन्हाँ**[2]
मुझको नहीं मंज़ूर ये **तरतीब-ए-गुलिस्ताँ**[3]

सब देख रहा हूँ मगर इस पर भी हूँ ख़ामोश
तस्वीर हूँ आईना हूँ या **दीदा-ए-हैराँ**[4]?

हाँ! आई तो है आज हंसी मिरे लबों पर
अब तू जो ठहर जाये ज़रा **गर्दिश-ए-दौराँ**[5]!

जब अपनी हक़ीक़त तुझे मालूम नहीं है
क्या जानेगा तू राज़-ए-हक़ीक़त को ऐ इंसाँ!

मैं हुस्न के छल बल से तो **मर'ऊब**[6] ना होऊँगा
हाँ! इश्क़ पर कर सकता हूँ मैं जान भी कुरबाँ

लौ दे उठे शाम-ए-ग़म-ए-फ़ुरक़त के अंधेरे
कुछ ऐसे हुए दाग मिरे दिल के नुमायाँ

ऐ शैख़ ज़रा आ तो सही **बहर-ए-तमाशा**[7]
फ़िरदौस[8] से कुछ कम तो नहीं कूचा-ए-जानाँ

रहने ना दिया चैन से दम भर मुझे तूने
ममनून[9] हूँ मैं तेरा बहुत गर्दिश-ए-दौराँ

ऐ 'सहर' अजब राज़ है ये राज़-ए-मुहब्बत
उतना ही ये ज़ाहिर हुआ जितना कि था पिन्हाँ।।

---

1 - काँटा	2 - छिपा हुआ
3 - गुलिस्ताँ का सिलसिला	4 - हैरान आँखें
5 - कालचक्र	6 - डरा हुआ
7 - तमाशे के लिए	8 - स्वर्ग
9 - शुक्रगुज़ार	

18

आप समझे तो हमारे इश्क़ की रुदाद भी

आप समझे तो हमारे इश्क़ की **रुदाद**[1] भी
दास्तानें क़ैस भी है क़िस्सा-ए-फ़रहाद भी

दिल में लाखों आरज़ुएँ हैं हज़ारों हसरतें
ये वो बस्ती है जो है बर्बाद भी आबाद भी

शुक्रिया ऐ **गर्दिश-ए-अय्याम**[2] तिरे फ़ैज़ से
गुलिस्ताँ भी हम ने देखा **ख़ाना-ए-सय्याद**[3] भी

उन का बंदा हो के भी है पास-ए-खुद्दारी मुझे
मैं **असीर-ए-इश्क़**[4] भी हूँ और हूँ आज़ाद भी

अब बदल जाये **मिज़ाज-ए-हुस्न**[5] भी तो क्या अजब
राहत-ए-जाँ होती जाती है किसी की याद भी

रास आई है कहाँ मुझको फ़िज़ा-ए-गुलिस्ताँ
बद-गुमा है बाग़बाँ भी और है सय्याद भी

हर तरह दिलचस्प-ओ-दिलकश था फ़साना इश्क़ का
दाद के काबिल है लेकिन हुस्न की रुदाद भी।।

---

1 - दशा	2 - बुरा समय
3 - शिकारी का घर	4 - प्रेम क़ैदी
5 - सौंदर्य की प्रकृति	

19

हो गया हूँ ख़ुद ही गुम मैं उनको पाने के लिए

हो गया हूँ ख़ुद ही गुम मैं उनको पाने के लिए
नीस्त[1] है हस्ती मिरी अब इस ज़माने के लिए

उम्र भर इक बेवफ़ा के नाज़ उठाने के लिए
हमने सब इल्ज़ाम सर पर इस ज़माने के, लिये

हमने **यकजा**[2] कर लिए हैं दिल के टुकड़े सैंकड़ो
आप की नज़रों के काबिल दिल बनाने के लिए

डालिये आँखों में आँखें, छोड़िये तीर-ए-नज़र
आए हैं हम अपने दिल को आज़माने के लिए

आनी जानी चीज़ पर आख़िर मलाल आए भी क्यों
मौत आने के लिए है जान जाने के लिए

हसरत-ओ-रंज-ओ-अलम[3] **यास-ओ-फुग़ाँ-ओ-इज़्तराब**[4]
हैं यही दो चार हमदम काम आने के लिए

बर्क़ ने जब ख़ाक कर डाला जला कर आशियाँ
बाद-ए-सरसर[5] झूम उठी ख़ाक उड़ाने के लिए

बिजलियाँ तड़पी मचल कर आसमाँ पर बारहा
मैंने कुछ तिनके चुने जब आशियाने के लिए

सख़्त-जाँ हूँ मुझ को कोई बज़्म रास आई नहीं
आ गया हूँ फिर तुम्हारे नाज़ उठाने के लिए

मुझ को **ना-कर्दा-गुनाही**[6] ने किया महरूम-ए-लुत्फ़
वरना वो राज़ी थे अब कुछ ज़ुल्म ढाने के लिए

ग़ैर पर उनकी जो है चश्म-ए-करम आठों पहर
वो फ़क़त इक ढोंग है मुझ को सताने के लिए

'सहर' उन से रूठना हम को गवारा है कहाँ
रूठते हैं हम फ़क़त उन को मनाने के लिए।।

1 - बरबाद	2 - इकट्ठा
3 - अफ़सोस और दुख और कष्ट	4 - मायूसी और फ़रियाद और बेक़रारी
5 - तूफ़ानी हवा	6 - बेगुनाही

20

ना हंस कर दिल बहलता है ना रोना काम आता है

ना हंस कर दिल बहलता है ना रोना काम आता है
राह-ए-उल्फत में ऐसा **मरहला**[1] हर **गाम**[2] आता है

ख़ताएँ-ए-ग़ैर का चर्चा मैं हरगिज़ कर नहीं सकता
बला से मुझ पे आने दो अगर इल्ज़ाम आता है

ये देखा है मुसीबत में कोई साथी नहीं होता
दिल-ए-नाकाम ही आख़िर बशर के काम आता है

ना जाने राह-ए-उल्फ़त में ये अब कैसा मक़ाम आया
ख़ुदा का नाम लूँ तो लब पे उनका नाम आता है

हर इक गुँचा चटक उठता है कलियाँ मुस्कराती हैं
चमन में सैर को जब वो बुत-ए-गुलफ़ाम आता है

कोई तो मसलहत इस में भी होगी ऐ मिरे साक़ी
कि गिर कर टूट जाता है जो मुझ तक जाम आता है

तिरा बीमार-ए-उल्फ़त जाँ **ब-लब**[3] है थाम ले आ कर
ये ऐसा वक़्त है जब अजनबी भी काम आता है

वो काबा हो की बुतखाना, हर इक महफ़िल में, हर लब पर
उसी का ज़िक्र होता है, उसी का नाम आता है

कशिश ये कैसी रख दी है कफ़स के आब-ओ-दाना में
कि **ताइर**[4] ख़ुद-ब-ख़ुद उड़ उड़ के **ज़ेर-ए-दाम**[5] आता है

हक़ीक़त में हमारी दास्ताँ है दास्ताँ उन की
हमारा नाम तो इस में बराये नाम आता है

कभी हम 'सहर' दिल को दोस्त अपना कह नहीं सकते
मगर मुश्किल हो जब मंज़िल यही कुछ काम आता है।।

1 - मंज़िल	2 - कदम
3 - होठों तक	4 - पक्षी
5 - ज़ाल में फंसना	

21

बे-सबब जी से गुज़रना नहीं अच्छा होता

बे-सबब जी से गुज़रना नहीं अच्छा होता
मौत से पहले भी मरना नहीं अच्छा होता

बात हो कोई तो इंसान बिगड़ भी जाए
वहम-ए-बेजा[1] पे बिफरना नहीं अच्छा होता

सब्र से बैठ अगर ताक़त-ए-परवाज़ नहीं
शिकवा बे-परी करना नहीं अच्छा होता

मरना उनका है जो औरों के लिए मरते हैं
अपने ही वास्ते मरना नहीं अच्छा होता

आप सच्चे हैं तो कुछ **पास-ए-ज़बाँ**[2] भी रखिए
कर के वादा तो मुकरना नहीं अच्छा होता

आदमी अपनी हदों ही में रहे बेहतर है
सर से पानी का गुज़रना नहीं अच्छा होता

फ़िक्र-ए-उक़्बा[3] भी तो लाज़िम है कभी ऐ नादाँ
फ़िक्र-ए-हस्ती[4] ही में मरना नहीं अच्छा होता

मौत को खेल समझना भी है इक नादानी
ज़ीस्त से प्यार भी करना नहीं अच्छा होता

बात तो जब है कि **आसूदा**[5] मंज़िल हों सभी
पार तन्हा तो उतरना नहीं अच्छा होता

हद कोई 'सहर' हुआ करती है **ज़ब्त-ए-ग़म**[6] की
यूँही घुट-घुट के तो मरना नहीं अच्छा होता।।

1 - बेकार का शक	2 - वचन का पालन
3 - मरने के बाद की चिंता	4 - ज़िंदगी गुज़ारने की चिंता
5 - संतुष्ट	6 - दुख सहन करने की शक्ति

22

किसी को दिल-ओ-जाँ का मालिक समझना

किसी को दिल-ओ-जाँ का मालिक समझना
मुहब्बत नहीं है तो फिर और क्या है
किसी की मुहब्बत में जाँ से गुज़रना
शहादत नहीं है तो फिर और क्या है

ये आँसू, ये आहें, ये नाले, ये **गिर्या**[1],
ये **चाक-ए-गिरेबाँ**[2], ये हाल-ए-परेशाँ
जिसे लोग कहते हैं इश्क़-ओ-मुहब्बत,
मुसीबत नहीं है तो फिर और क्या है

ये सच है लबों पर है मुहर-ए-ख़ामोशी
निगाहें मगर और कुछ कह रही हैं
तुम ही ये बताओ तुम्हारी ख़ामोशी
शिकायत नहीं है तो फिर और क्या है

ये क्या कह रहे हो कि **बज़्म-ए-जहाँ**[3] में
हक़ीक़त में कोई नहीं है किसी का
जहाँ में ये रिश्ता हमारा तुम्हारा
हक़ीक़त नहीं है तो फिर और क्या है

मुझे इल्म है कुछ भी हासिल ना होगा
मगर फिर भी सजदे किए जा रहा हूँ
तुम्हारे लिए मिरी इतनी **अकीदत**[4],
इबादत नहीं है तो फिर और क्या है

किए जाना हर रोज़ वादों पे वादें
मगर इक वादा भी **ईफ़ा**[5] ना करना
मुहब्बत जिसे 'सहर' कहती है दुनिया,
सियासत नहीं है तो फिर और क्या है।।

1 - रुदन
2 - क़मीज़ का फटा हुआ गला
3 - दुनिया की महफ़िल
4 - धार्मिक विश्वास
5 - पूरा

23

ये दुनिया है इसे मिरी ज़बाँ कुछ और कहती है

ये दुनिया है इसे मिरी ज़बाँ कुछ और कहती है
इसी को **गर्दिश-ए-दौर-ए-ज़माँ**[1] कुछ और कहती है

हसीं ख़्वाबों की दुनिया को हक़ीक़त मानने वालों
ज़रा जागो कि **मर्गे नागहाँ**[2] कुछ और कहती है

बहारें **अहल-ए-गुलशन**[3] के दिलों को गुदगुदाती हैं
मगर बज़्म-ए-गुलिस्ताँ में ख़िज़ा कुछ और कहती है

मुहब्बत **जाँ-सिताँ**[4] **जाँ-सोज़**[5] है लेकिन मैं हैराँ हूँ
कि मेरी ही ये **जान-ए-नातवाँ**[6] कुछ और कहती है

बज़ाहिर हर अदा उन की है यूँ तो प्यार के क़ाबिल
मगर मेरी निगाह-ए-राज़दाँ कुछ और कहती है

नज़र कुछ और ही आता है मुझको **बज़्म-ए-रिंदाँ**[7] में
अगरचे[8] **दावत-ए-पीर-ए-मुगाँ**[9] कुछ और कहती है

कोई समझे तो क्या समझे मुहब्बत की हक़ीक़त को
कि दिल कुछ और कहता है ज़बाँ कुछ और कहती है

मुझे ऐ 'सहर' था कुछ **एतबार-ए-वादा-ए-फ़रदा**[10]
मगर मुझसे मिरी **उम्र-ए-रवाँ**[11] कुछ और कहती है।।

---

1 - दुनिया का कालचक्र	2 - आकस्मिक मृत्यु
3 - माली	4 - बे-रहम
5 - हमदर्द	6 - कमज़ोर ज़िंदगी
7 - शराबियों की महफ़िल	8 - यद्यपि
9 - धर्मगुरुओं का भोज	10 - आने वाले कल के वादे का विश्वास
11 - चलता हुआ जीवनकाल	

24

ज़र्रे ज़र्रे में इयाँ है ज़िंदगी

ज़र्रे ज़र्रे में **इयाँ**[1] है ज़िंदगी
हाँ! **ज़ुहूर-ए-ला मकाँ**[2] है ज़िंदगी

मुश्किलों का कारवाँ है ज़िंदगी
तुरफ़ा-ए-ग़म[3] की दास्ताँ है ज़िंदगी

हर कदम पर कश्मकश ही कश्मकश
इक मुसलसल इम्तिहाँ है ज़िंदगी

ग़मज़दों से पूछिए ऐ मेहरबाँ
किस कद्र नामेहरबाँ है ज़िंदगी

ऐसे भी कुछ लोग हैं जिन के लिए
इक **बहार-ए-बेख़िज़ाँ**[4] है ज़िंदगी

पार उतरना है बहुत इस से मुहाल
इक **बहर-ए-बेकराँ**[5] है ज़िंदगी

जीते जी तो मौत आ सकती नहीं
इसलिए ही जाविदाँ है ज़िंदगी

मौत इस की आख़िरी मंज़िल नहीं
उस से भी आगे रवाँ है ज़िंदगी

खेल बच्चों का ना कोई जश्न है
जौहरों का इम्तिहाँ है ज़िंदगी

रोज़ हमको इक ताज़ा ग़म दिया
हम पे कितनी मेहरबाँ है ज़िंदगी

बिजलियों का डर कभी आँधी का ख़ौफ़
ख़ार-ओ-खस[6] का आशियाँ है ज़िंदगी

जिस पे झुकती है **अजल**[7] की भी **ज़बीं**[8]
वो **मुकद्दस आस्ताँ**[9] है ज़िंदगी

कट रही थी 'सहर' अब तक चैन से
आज कल कुछ बदगुमाँ है ज़िंदगी।।

1 - प्रकट	2 - प्रत्यक्ष पवित्र स्थान
3 - अनोख़ा दुख	4 - बिना पतझड़ के बसंत
5 - अनंत समुद्र	6 - कचरा
7 - मौत	8 - माथा
9 - पवित्र दहलीज़	

25

जोश-ए-अहद-ए-शबाब, क्या कहिए

जोश-ए-अहद-ए-शबाब, क्या कहिए
रक़्स-ए-जाम-ए-शराब, क्या कहिए

वो रूख-ए-बेहिजाब, क्या कहिए
हमसर-ए-माहताब, क्या कहिए

झूठे वादों पे है यकीं दिल को
जागते में ये ख़्वाब, क्या कहिए

अपने सारे सवाल भूल गया
इक उन का जवाब, क्या कहिए

हर **वरक़**[1] उस का **शाहकार-ए-जमील**[2]
ज़िंदगी की किताब, क्या कहिए

लौ लगाई तो इक पत्थर से
दिल का ये **इन्तख़ाब**[3], क्या कहिए

दिल फ़रिश्तों के भी दहल जायें
उन का **क़हर-ओ-इताब**[4], क्या कहिए

शर्म से छुप गए **मह-ओ-अंजुम**[5]
किस ने उल्टी नक़ाब, क्या कहिए

तिश्ना-कामों[6] को जाम दे साक़ी!
इस से बढ़ कर सवाब, क्या कहिए

जो हुआ नाम **कुफ़्र-ओ-दीं**[7] पे हुआ
कुश्त-ओ-ख़ूँ[8] का हिसाब, क्या कहिए

हुस्न की बेरुख़ी जो थी वो है
बर्क़[9] का **पेच-ओ-ताब**[10], क्या कहिए

खोल डाले **रम्ज़-ए-मर्ग-ओ-हयात**[11]
इक जाम-ए-शराब, क्या कहिए।।

1 - पृष्ठ	2 - बहुत सुंदर कृति
3 - चुनाव	4 - विपत्ति और ग़ुस्सा
5 - चाँद और तारे	6 - प्यासों
7 - मूर्ति पूजा और धर्म	8 - हत्या और ख़ून
9 - बिजली	10 - बेक़रारी
11 - मौत और ज़िंदगी का रहस्य	

26

रहे हैं शाद ख़िज़ा में निभी है ख़ारों से

रहे हैं शाद ख़िज़ा में निभी है ख़ारों से
हमें है फूलों से मतलब ना कुछ बहारों से

हर इक ग़म का **मुदावा**[1] नहीं हुआ करता
ये काश कह दे कोई मिरे **ग़म गुसारों**[2] से

यहीं हैं काबा हमारा यहीं है बुतख़ाना
उठेंगे हम ना मुहब्बत की रहगुज़ारों से

दयार-ए-इश्क़ के ज़र्रे हैं वो **दुर-ए-नायाब**[3]
कि जिन की आब ज़्यादा है चाँद तारों से

कहाँ से कूचा-ए-जानाँ की दिलकशी लाऊँ?
ये दिल बहलता नहीं **ख़ुल्द**[4] के नज़ारों से

वो मस्त रहते हैं हर वक़्त अपनी दुनिया में
अबस ही लोग उलझते हैं **बादा-ख्वारों**[5] से

वो लोग बह गए पहली ही मौज-ए-तूफ़ाँ में
कभी ना उतरे थे दरया में जो किनारों से

जो **पस्तियाँ**[6] ही ना हो तो बुलंदियाँ कैसी?
है सर बुलन्दों की सब कद्र **ख़ाकसारों**[7] से

हमारे **ज़ब्त**[8] का ऐ 'सहर' हश्र क्या होगा
जो उसने पूछ लिया हाल ग़म के मारों से।।

---

1 - इलाज	2 - हमदर्द
3 - दुर्लभ मोती	4 - स्वर्ग
5 - शराबी	6 - निम्न
7 - तुच्छ	8 - धैर्य

27

ऐ दिल-ए-ज़ार मुहब्बत को ना रुसवा करना

ऐ दिल-ए-ज़ार मुहब्बत को ना रुसवा करना
भूल कर भी ना किसी जौर का शिकवा करना

अपनी क़िस्मत को ही इल्ज़ाम दिए जाता हूँ
मुझ को मंज़ूर नहीं हुस्न को रुसवा करना

तिरे **दानिस्ता तग़ाफ़ुल**[1] पे नज़र रखते हैं
हम को आता ही नहीं शिकवा-ए-बेजा करना

तू **इलाज-ए-ग़म-ए-इमरोज़**[2] तो कर ले पहले
इस से फ़ुरसत हो तो **ज़िक्र-ए-ग़म-ए-फ़र्दा**[3] करना

नक़द-ए-जाँ दे के अगर तू मुझे हासिल हो जाए
फ़र्ज़ है मुझ पे ये नुक़सान गवारा करना

लुत्फ़ तो जब है खामोशी से हो इज़्हार-ए-तलब
भूल कर भी ना कभी इश्क़ में लब वा करना

वो तो है 'सहर' कि जो पास-ए-जबाँ रखता है
तुमने सीखा ही नहीं वादे को ईफ़ा करना।।

---

1 - जान भूज कर की जाने वाली उपेक्षा	2 - वर्तमान दुख का उपचार
3 - आने वाले दुख की चर्चा	

28

ये दिलकशी, ये नज़ाकत, कहीं नही देखी

ये दिलकशी, ये नज़ाकत, कहीं नही देखी
जहां में तुझ सी कोई शै हसीं नहीं देखी

हर एक ज़र्रा यहाँ का है **रश्क-ए-शम्स-ओ-क़मर**[1]
दयार-ए-इश्क़ सी हम ने ज़मीं नहीं देखी

तुम्हारे दम ही से क़ायम थी दिलकशी इस की
तुम्हारे बाद ये दुनिया हसीं नहीं देखी

हमारी तौबा का क्या हश्र हो ख़ुदा जाने
घटा कुछ ऐसी तो **कैफ़-आफ़रीं**[2] नहीं देखी

हर एक बज़्म में देखी है हमने क़द्र-ए-वफ़ा
मगर ये बात फ़क़त इक यहीं नहीं देखी

कभी तो भूले से इक बार हाँ भी कह देते
तुम्हारे लब पे हमेशा नहीं नहीं देखी

हर इक गुनाह में लज़्ज़त तो है मगर ऐ 'सहर'
गुनाह-ए-इश्क़ सी लज़्ज़त कहीं नहीं देखी।।

---

1 - सूरज और चाँद की ईर्ष्या	2 - मस्ती भरी

29

तुम्हारे जौर का हरसू हुआ चर्चा तो क्या होगा

तुम्हारे **जौर**[1] का हरसू हुआ चर्चा तो क्या होगा
हमारे बाद, हम सा सख़्तजाँ पैदा तो क्या होगा

बजा है इश्क़ वाले **नाला-ओ-नूह**[2] नहीं करते
जो कर बैठे कभी तंग आ के वो ऐसा तो क्या होगा

चलो **तस्कीन**[3] हो जाएगी कुछ इस **चाराजोई**[4] से
मरीज़-ए-इश्क़ ऐ हमदम कोई अच्छा तो क्या होगा

किसी अपने ही ग़म की याद उन को आ गई होगी
मिरी महरूमियों का ग़म उन्हे इतना तो क्या होगा

तुम्हारी शक्ल आँखों में है मिरे दिल में है हरदम
तुम्हारा मुझ से बढ़कर और आईना तो क्या होगा

मुजस्सम[5] महज़बीं हो गुलबदन हो हूर-ए-जन्नत हो
कोई कैसा हसीं भी हो मगर तुम सा तो क्या होगा

हंसें होंगे मिरी बरबादियों के ज़िक्र पर कासिद
कोई लफ़्ज़ उनके मुँह से प्यार का निकला तो क्या होगा

दिल-ए-नादाँ ये रोज़-ओ-शब की बेचैनी नहीं अच्छी
बुरा होगा भला होगा ना कुछ होगा तो क्या होगा

सभी अपने तसव्वुर की बलायें ले रहे होंगे
किसी ने उस **परी-वश**[6] को कभी देखा तो क्या होगा

मुसीबत में किसी का कौन होता है दिल-ए-नादाँ!
अबस[7] ऐसा समझते हो कोई अपना तो क्या होगा

दिल-ए-खुद्दार अभी भूला नहीं पहली ही **लग्ज़िश**[8] को
दर-ए-जानाँ पे फिर से 'सहर' अब सजदा तो क्या होगा।।

1 - ज़ुल्म	2 - रोना धोना
3 - तसल्ली	4 - कोशिश
5 - पूर्ण	6 - परी जैसी
7 - व्यर्थ	8 - लड़खड़ाना

30

मुहब्बत क्या है?

मुहब्बत क्या है? **कर्ब-ए-बेहिसाब**[1] अव्वल से आख़र तक
मुसलसल[2] **इज़्तिराब-ओ-इज़्तिराब**[3] अव्वल से आख़र तक

किसी को भी नहीं मालूम मंज़िल है कहाँ इस की
सफ़र है ज़िंदगी का इक सराब अव्वल से आख़र तक

हर इक लम्हा **बयान-ए-दास्तान-ए-शादी-ओ-ग़म**[4] है
बशर की ज़ीस्त भी है इक किताब अव्वल से आख़र तक

मुसलसल **महव-ए-नज्ज़ारा**[5] रहे महफ़िल में परवाने
ना उल्टी **शमअ-रू**[6] ने **गो**[7] नक़ाब अव्वल से आख़र तक

ख़ुदा ने हम को रोज़-ए-हश्र **यक्सर**[8] पाक ठहराया
ग़लत पाया फ़रिश्तों का हिसाब अव्वल से आख़र तक

सवाल-ए-वस्ल पर हमदम कभी तो हाँ भी कह देते
तुम्हारा तो रहा इक ही जवाब अव्वल से आख़र तक

ख़ुशी भी साथ अपने कुछ न कुछ ग़म ले के आती है
नहीं कुछ भी **सवाब-ए-बेअज़ाब**[9] अव्वल से आख़र तक

निज़ामे-ए-कुहना[10] **फ़रसूदा**[11] है हर पहलू से नाकारा
मुकम्मल चाहिए अब इंक़लाब अव्वल से आख़र तक।।

---

1 - असंख्य यातनाएँ	2 - सिलसिलेवार
3 - बेचैनी ही बेचैनी	4 - ख़ुशी और ग़म की बातें
5 - नज़ारों से मुग्ध होना	6 - सुंदर चेहरा
7 - हालाँकि	8 - पूरी तरह से
9 - बिना कष्ट के पुण्य	10 - पुरानी व्यवस्था
11 - निकम्मा	

31

शबाब आया तो आया इक बलाएं-नागहाँ हो कर

शबाब आया तो आया इक **बलाएं-नागहाँ**[1] हो कर
मिरी हस्ती फ़क़त अब रह गई है दास्तां हो कर

छुपाता मैं कहाँ तक राज़ आख़िर खुल गया दिल का
नज़र ने कह दिया सब कुछ ख़ामोशी की ज़बां हो कर

जमीं काँपी फ़लक चकरा गया तक़दीर घबराई
मेरी जानिब जो तूने आज देखा मेहरबाँ हो कर

ज़माने भर में रुसवा हूँ मिरा चर्चा है घर घर में
ना पूछो क्या लिया मैंने तुम्हारा राज़दाँ हो कर

मक़ाम-ए-बेनिशाँ थी मिरी मंज़िल किस तरह मिलती
सराब-ए-दश्त[2] ने धोखा दिया **आब-ए-रवाँ**[3] हो कर

जनाबे शैख़ की महफ़िल में भी चर्चा है अब अपना
ये शोहरत मिल गई है 'सहर' रुसवा-ए-जहाँ हो कर।।

1 - आकस्मिक विपत्ति 2 - जंगल की मृगतृष्णा 3 - बहता पानी

32

रंग बदले हैं कैसे दुनिया ने

रंग बदले हैं कैसे दुनिया ने
आज अपने हुए हैं बेगाने

दोस्त कहने में क्या बुराई थी
आप क्यूँ, किसलिए, बुरा माने

नाख़ुदा में ख़ुदा भी शामिल है
बात समझी नहीं ये दुनिया ने

तिरे जलवों की उफ़! ये **अर्ज़ानी**[1]!
जा-ब-जा[2] बुतकदे, सनमखाने!

कोई देखे तो इन घटाओं को
उड़ते फिरते हों जैसे मैखाने

दिल की बातों में आ गए हैं हम
क्या नतीजा हो अब ख़ुदा जाने

क्या गिला 'सहर' जौर-ए-दुनिया का
हम को समझा ही कब था दुनिया ने।।

---

1 - आसानी से उपलब्ध	2 - जगह जगह

33

देखो तो ये नैरंगी-ए-गुलज़ार-ए-मुहब्बत

देखो तो ये **नैरंगी-ए-गुलज़ार-ए-मुहब्बत**[1]
आग़ोश में हर फूल के है **ख़ार**[2]-ए-मुहब्बत

फ़ब्ती नहीं हर एक को **दस्तार**[3]-ए-मुहब्बत
सर दे जो वही होता है सरदार-ए-मुहब्बत

मरना नहीं आसान तो जीना भी है मुश्किल
मजबूर ही रहता है गिरफ़्तार-ए-मुहब्बत

हर **रंज-ओ-ग़म-ए-दहर**[4] से बेगाना है हरदम
है कितना **सुबुकसार**[5] **गिराँ-बार-ए-मुहब्बत**[6]

अच्छा नहीं होगा कभी अच्छा नहीं होगा
अच्छा कभी होता भी है बीमार-ए-मुहब्बत?

मरने की तमन्ना ही में जीने का मज़ा है
है कितना **दिलावेज़**[7] ये **आज़ार-ए-मुहब्बत**[8]

बाज़ार में इस **जिंस**[9] को पूछा ना किसी ने
देखा ना कोई हमने ख़रीदार-ए-मुहब्बत

हाँ ये भी रहे ध्यान कुछ ऐ **दावर-ए-महशर**[10]!
मुजरिम तो नहीं है ये गुनहगार-ए-मुहब्बत

दुनिया में कोई वार से इस के नहीं बचता
चलती है इस अन्दाज़ से तलवार-ए-मुहब्बत

हाजत[11] ही नहीं जिस को कभी जाम-ओ-सुबू की
मय-ख़वार-ए-मुहब्बत[12] है वो मय-ख़वार-ए-मुहब्बत

दुनिया की नज़र में है वही **गर्दिश-ए-दौराँ**[13]
दिलवाले जिसे कहते है रफ़्तार-ए-मुहब्बत

दिल ही ने फ़साया हमे जंजाल में वरना
हम तो ना थे ऐ 'सहर' तलबगार-ए-मुहब्बत।।

1 - प्रेम वाटिका का जादू
2 - काँटा
3 - पगड़ी
4 - दुनिया के दुख दर्द
5 - तुच्छ
6 - प्यार का भारी बोझ
7 - सुंदर
8 - मुहब्बत के कष्ट
9 - सामान, वस्तु
10 - ईश्वर
11 - इच्छा
12 - प्यार का शराबी
13 - कालचक्र

34

लाएँगे रंग इक दिन आख़िर दुआ के हाथ

लाएँगे रंग इक दिन आख़िर दुआ के हाथ
दिल से दुआ करो तो सही तुम उठा के हाथ

रहम-ओ-करम है इन में तो **जौर-ओ-इताब**[1] भी
देखे नहीं हैं आप ने शायद ख़ुदा के हाथ

सब **बर्ग-ओ-गुल**[2] चमन से निकल कर चले गए
आया कोई पैयाम ये शायद सबा के हाथ

आख़िर हमारी जान के दुश्मन वो बन गए
जिन की तरफ़ बढ़ाए थे हमने वफ़ा के हाथ

ग़म ही रहा ना **तुन्दी-ए-तूफ़ाँ**[3] का कुछ हमें
कश्ती को जब से सौप दिया है ख़ुदा के हाथ

मैंने जो 'सहर' छेड़ दिया उस से ज़िक्र-ए-हश्र
ख़ामोश कर दिया मुझे उस ने बढ़ा के हाथ।।

1 - ज़ुल्म और कोप   2 - पत्ते और फूल   3 - तूफ़ान की उग्रता

35

डुबों देंगे मुझे अश्क़-ए-रवाँ आहिस्ता आहिस्ता

डुबों देंगे मुझे अश्क़-ए-रवाँ आहिस्ता आहिस्ता
बने जाते हैं **बहर-ए-बेक़राँ**[1] आहिस्ता आहिस्ता

मिरा **जोश-ए-जुनूँ**[2] मिरी मुहब्बत मिरा अफ़साना
समझ ही जाएँगे अहल-ए-जहाँ आहिस्ता आहिस्ता

हुआ क्या आज अगर **बरक-ए-तपाँ**[3] ने फूंक डाला है
बना लूँगा फिर अपना आशियाँ आहिस्ता आहिस्ता

बहार-ए-जाँ फ़िज़ा भी आते आते आ ही जाएगी
गुज़र ही जाएगा दौर-ए-ख़िज़ाँ आहिस्ता आहिस्ता

किसी पर दिल का आना बात मामूली सी थी लेकिन
वो बनती जा रही है दास्ताँ आहिस्ता आहिस्ता

ख़ुदा रखे सलामत आप की **चश्म-ए-फ़सूँगर**[4] को
बदल ही जाएगा **नज़्म-ए-जहाँ**[5] आहिस्ता आहिस्ता।।

1 - अथाह समुद्र
2 - दीवानापन
3 - तपा देने वाली बिजली
4 - मंत्रमुग्ध करने वाली नज़र
5 - दुनिया का बंदोबस्त

36

जिन के लिए मिटे हम उनको ख़बर नहीं है

जिन के लिए मिटे हम उनको ख़बर नहीं है
सद हैफ़[1] अब वफ़ा में कुछ भी असर नहीं है

आह-ओ-फ़ुगाँ का जिस पर कोई असर नहीं है
हम को भी उस ख़ुदा का ख़ौफ़-ओ-ख़तर नहीं है

गैरों के ग़म को भी जो अपना ही ग़म बना ले
इस दौर का बशर वो पहला बशर नहीं है

नज़रें मिलाइये किस से, देखें तो किसकी जानिब
जिस में **पैयाम**[2] हो कुछ, कोई नज़र नहीं है

हर गाम पर बिछे हैं **हिर्स-ओ-हवस**[3] के फंदे
मक्र-ओ-रिया[4] से पाक अब कोई डगर नहीं है

मशरिक[5] हो या हो **मग़रिब**[6] आलम वही है हर सूँ
इन्सान ही का दुश्मन इन्साँ किधर नहीं है

हर वक़्त सामने है मंज़िल भी रहगुज़र भी
भटके जो **कू-ब-कू**[7] वो मेरी नज़र नहीं है

बादल ये रंज-ओ-ग़म के छट कर रहेंगे इक दिन
ऐसी भी शब है कोई जिस की सहर नहीं है?

ख़ारों का भी चमन में आख़िर मकाम है कुछ
पहलू में फूल के हैं ख़ुशबू अगर नहीं है

मुश्किल ही से मिलेगा सब्र-ओ-सकूँ का **हामिल**[8]
दिल किस बशर का 'सहर' अब हसरत का घर नहीं है।।

1 - बहुत अफ़सोस	2 - संदेश
3 - लालच और ईर्ष्या	4 - बनावट और मक्कारी
5 - पूरब	6 - पश्चिम
7 - जगह जगह	8 - बोझ उठाने वाला

37

हश्र से जो डरते हैं आशिक़ी नहीं करते

हश्र से जो डरते हैं आशिक़ी नहीं करते
अहले-दिल जफ़ाओं का ज़िक्र ही नहीं करते

तुम हमारे हो लेकिन हम को ग़ैर कहते हो
इतना ज़ुल्म तो हम पर ग़ैर भी नहीं करते

क्या हुआ जो अपनों ने हम से बेवफ़ाई की
हम तो ऐसी बातों का ज़िक्र ही नहीं करते

इस ज़माने के रहबर कुछ अजीब ढब के हैं
रहज़नी में माहिर हैं रहबरी नहीं करते

बंदगी वो करते हैं जिन को ख़ौफ़-ए-**इस्याँ**[1] हो
पाक बाज दुनिया में बंदगी नहीं करते

कद्र है ज़माने में आदमी की दौलत की
कद्र आदमी की अब आदमी नहीं करते

दास्तान-ए-ग़म अपनी हम सुना तो दे लेकिन
अब नज़र मिला के वो बात ही नहीं करते

हुस्न की अदाओं पर लोग जान देते हैं
हुस्न-ए-दिल की वो लेकिन कद्र ही नहीं करते

तुम तो ख़ैर अपने हो तुम से दुश्मनी कैसी
हम तो दुश्मनों से भी दुश्मनी नहीं करते

'सहर' मौज-ए-तूफ़ाँ में ऐसा लुत्फ़ पाया है
आरज़ू-ए-साहिल अब हम कभी नहीं करते।।

1 - अपराध

38

ख़ुशियों को ढूँढने जो कभी हम निकल पड़े

ख़ुशियों को ढूँढने जो कभी हम निकल पड़े
ग़म जितने आस-पास थे सब साथ चल पड़े

इक सर्द आह ने मेरी ऐसा असर किया
उस बुत के दिल में रहम के चश्में उबल पड़े

सिक्का था बज़्म-ए-दहर में जिन का कभी रवाँ
बे नंग-ओ-नाम होंगे कहीं आज कल पड़े

इंसाँ तो है वही जो बदल दे हवा का रुख़
इंसाँ वो क्या जो साथ हवाओं के चल पड़े

सहवन[1] जो हम से ज़िक्र-ए-वफ़ा हो गया कभी
उन की **जबीन-ए-नाज़**[2] पे क्या क्या न बल पड़े

ये बाँकपन, ये हुस्न, ये मस्ती भरी अदा
ख़ुद तू भी देख ले तो तिरा दिल मचल पड़े

अपना कहा था हँस के मुझे उस ने एक बार
अब दिन को चैन आये न शब ही को कल पड़े

दिल है वही जो रखता हो **ताब**[3]-ए-**जमाल**[4]-ए-**तूर**[5]
वो क्या जो एक जुगनू की लौ पर मचल पड़े

तड़पा था जिस ख़ुशी के लिए 'सहर' उम्र भर
जब वो ख़ुशी मिली मिरे आंसू निकल पड़े।।

---

1 - अनजाने में	2 - प्रेमिका का माथा
3 - ताक़त	4 - सुंदरता
5 - अंदाज़	

39

रखते ही नहीं दिल में ग़म-ए-सूद-ओ-जियाँ हम

रखते ही नहीं दिल में **ग़म-ए-सूद-ओ-जियाँ**[1] हम
जो बात ख़ुदा लगती है करते हैं बयाँ हम

माना कि नहीं फ़र्क़ कोई **दैर-ओ-हरम**[2] में
सजदा तो वहीं होगा कि चाहेंगे जहाँ हम

ज़र्रा भी है ख़ुर्शीद तो कतरा भी है दरया
हाँ! इश्क़ में कहते हैं खामोशी को ज़बाँ हम

जो बात भी दिल में है वही लब पे हमारे
वो राज़ है कहते हैं जिसे **राज़-ए-इयाँ**[3] हम

इक **तल्ख़**[4] हक़ीक़त ने जगाया हमे वरना
बैठे थे बसाए हुए ख़्वाबों का जहाँ हम

ऐ इश्क़ तिरी क़द्र हमी से है जहाँ में
हाँ! रूह-ए-वफ़ा हम हैं मुहब्बत की ज़बाँ हम

सर आँखों पे लेते हैं कदम अहल-ए-वफ़ा के
टकराए अगर कोई तो हैं **कोह-ए-गिराँ**[5] हम

फूलों की तलब लेके चले खारों में उलझे
मंज़िल थी कहाँ देखिए पहुँचे हैं कहाँ हम

अफ्लाक-ओ-ज़मीं[6] पहले ही क्यों काँप रहे हैं
लाए हैं कहाँ लब पे अभी आह-ओ-फ़ुगाँ हम

क्यों तर्क-ए-मुहब्बत की हमें करते हो **तलकीन**[7]
रखते हैं अभी 'सहर' बहुत ताब-ओ-तवाँ हम।।

1 - लाभ हानि का दुख	2 - मंदिर मस्जिद
3 - ज़ाहिर हुआ भेद	4 - कड़वी
5 - बहुत बड़ा पहाड़	6 - आकाश और धरती
7 - शिक्षा देना	

40

क्या कहूँ कैसा वक़्त आया है

क्या कहूँ कैसा वक़्त आया है
जो था अपना वही पराया है

रंज-ओ-ग़म में जो मुस्कराया है
राज़-ए-हस्ती उसी ने पाया है

देखना क्या मिज़ाज पाया है
फूल काँटों में मुस्कराया है

मुश्किलों से जो बढ़ के टकरायें
मक़सद-ए-ज़ीस्त उन्हीं ने पाया है

ये भी मालूम है **गरीक-ए-तरब**[1]
सर पे ख़ुशियों के ग़म का साया है

अहल-ए-हिम्मत ने तो **बहर-ए-मंज़िल**[2]
ज़िंदगी को हसीन पाया है

उस पे क़ुरबाँ जहान की ख़ुशियाँ
जिस ने ग़म को गले लगाया है

झूम उठी है **रूह-ए-कैफ़-ओ-तरब**[3]
लब पे ये किसका नाम आया है

क्या कहेगा उसे ग़म-ए-दौरां
जिस पे तिरे करम का साया है

ज़िंदगी से किसी ने तंग आ कर
मौत को राज़दाँ बनाया है

हर **नफ़स**[4] अब है कुछ **मुअत्तर**[5] सा
आज किस का ख़याल आया है

गर्दिशों! हो सके तो रुक जाओ
ग़मज़दा कोई मुस्कराया है

बेज़ुबानों को भी ज़ुबान मिली
आते आते ये वक़्त आया है

ज़िंदगी तल्ख़ ही सही लेकिन
कुछ ना कुछ लुत्फ़ सब ने पाया है

बिजलियों को कोई ख़बर कर दे
हमने फिर आशियाँ बनाया है

लोग जीने की बात करते हैं
हम को मरने में लुत्फ़ आया है

उम्र भर के थके मुसाफ़िर को
मौत ने चैन से सुलाया है

दूर रहता है अब वो ख़ुशियों से
'सहर' को ग़म ही रास आया है।।

1 - प्रसन्ता में मग्न
2 - लक्ष्य से आगे
3 - मस्ती और प्रसन्ता से आत्मा
4 - पल
5 - सुगंधित

41

दिल के दागों को ज़रा और नुमायाँ कर लूँ

दिल के दागों को ज़रा और **नुमायाँ**[1] कर लूँ
क्यूँ ना वीराने को यूँ रश्क-ए-गुलिस्ताँ कर लूँ

दिल के अफ़साने को रंगीन बनाना है मुझे
अब ये लाज़िम है कि आँखों को खूँ **अफ़शां**[2] कर लूँ

दो घड़ी आज यूहीं सामने बैठे रहिए
जी में है कुछ तो **इलाज-ए-ग़म-ए-पिन्हाँ**[3] कर लूँ

साकिया नज़रों से खूब आज पिला दे मुझ को
दिल को इक बार तो शरमिन्दा-ए-अहसाँ कर लूँ

मुझ को उम्मीद है शायद वो इधर से गुज़रें
दिल के ज़ख्मों को ना क्यूँ आज **गुल-अफशां**[4] कर लूँ

इस से शायद उन्हें दम भर को सकूँ मिल जाए
क्यूँ ना **शीराज़ा-ए-हस्ती**[5] को परेशाँ कर लूँ

क्या ही अच्छा हो मिरे घर में वो मेहमां हो जायें
जी में है जीते जी इक हश्र का **सामाँ**[6] कर लूँ

हाँ! किसी फूल के पहलू में कोई ख़ार ना हो
बस चले मिरा तो यूँ **नज़्म-ए-गुलिस्ताँ**[7] कर लूँ

ग़म-ए-दौराँ ही से ऐ 'सहर' बनी है दम पर
कब ये फ़ुरसत है की दम भर ग़म-ए-जानाँ कर लूँ।।

---

1 - ज़ाहिर	2 - बरसाना
3 - छिपे हुए दुख का उपचार	4 - फ़ूल बरसाना
5 - व्यवस्थित ज़िंदगी	6 - सामान
7 - बाग/वाटिका का बंदोबस्त	

42

ना कारवाँ है ना रहबर ना कोई मंज़िल है

ना कारवाँ है ना रहबर ना कोई मंज़िल है
बस इक **ज़ौक़-ए-तजस्सुस**[1] है मैं हूँ ये दिल है

जिसे भी देखो **सरापा**[2] **हज़ीं**[3] है **बिस्मिल**[4] है
ये कैसा दौर है या-रब ये कैसी महफ़िल है

नहीं है जिस की हक़ीक़त से आशना कोई
वही मकाम हक़ीक़त में मिरी मंज़िल है

ना **मेहर-ओ-माह**[5] ना गुल ही ना आसमाँ ना ज़मीं
कोई है ज़ात तो तेरी ही ज़ात कामिल है

ख़ुसूसीयत[6] है यही **दौर-ए-नौ**[7] के इन्साँ की
नही बशर का वो इन्सानियत का कातिल है

तिरी ही जुस्तजू मुझ को है अब तो आठों पहर
ये जुस्तजू ही मिरी ज़िंदगी का हासिल है

ये माना दीद के काबिल है **फसल-ए-गुल**[8] की बहार
खिजाँ का राज़ भी कुछ जानने के काबिल है

भंवर से बच गई कश्ती तो ये हुआ मालूम
कि नाख़ुदा में ख़ुदा का भी नाम शामिल है

जो होगा कुछ **ग़म-ए-फ़र्दा**[9] तो जाने क्या होगा
बशर तो अब **ग़म-ए-इमरोज़**[10] ही से बिस्मिल है

वो शख़्स राज़-ए-हक़ीक़त को ख़ाक समझेगा
जो 'सहर' अपनी हक़ीक़त से आप ग़ाफ़िल है।।

1 - ख़ोज का आनन्द	2 - सिर से पैर तक
3 - पीड़ित	4 - घायल
5 - सूरज और चाँद	6 - विशेषता
7 - नये युग	8 - फूलों का मौसम
9 - आने वाले कल का दुख	10 - आज का दुख

43

ये दिल यहाँ के लिए है ना है वहाँ के लिये

ये दिल यहाँ के लिए है ना है वहाँ के लिये
ख़ुदा ने इस को बनाया है **ला-मकाँ**[1] के लिए

हमारी ज़ात है क्या खेल आसमाँ के लिए
है सौ मुसीबतें इक जान-ए-नातवाँ के लिए

मिरे नसीब में शायद कहीं भी चैन नहीं
तड़प रहा हूँ गुलिस्ताँ में आशियाँ के लिए

जला के मेरा नशेमन चमन पे अब है नज़र
करेगी बरक न क्या मेरे इम्तिहाँ के लिए

जब इक पल भी **मुयस्सर**[2] नहीं सकून-ओ-करार
दुआ करूँ भी तो क्यों उम्र-ए-जाविदाँ के लिए

न आई है ये न आयेगी जीते जी हरगिज़
दिल-ए-हज़ी[3] न तड़प **मर्ग-ए-ना-गहाँ**[4] के लिए

शुऊर-ओ-अक़्ल[5] की हद दूर छोड़ आयें हैं
जुनून-ओ-शौक़ हमारा है ला-मकाँ के लिए

ये दिल की बात है दिल में रहे तो बेहतर है
बयान-ए-इश्क मुनासिब नहीं ज़बाँ के लिए

सकून-ए-दिल ना मिला दैर में ना काबा में
यूंही भटकते रहे हम कहाँ कहाँ के लिए

कहीं भी दहर में सजदा मैं कर नहीं सकता
है **वक़्फ़**[6] मेरी **जबीं**[7] तेरे आस्ताँ के लिए

ज़बान दिल की नहीं है तो 'सहर' क्या गम है
खामोशियाँ भी तो कुछ कम नहीं बयाँ के लिए।।

---

1 - पवित्र स्थान	2 - उपलब्ध
3 - पीड़ित दिल	4 - आकस्मिक मृत्यु
5 - बुद्धि और सूझ बूझ	6 - सिर्फ़
7 - मस्तक, माथा	

44

बदल रही है ज़माने कि अब हवा यारों

बदल रही है ज़माने कि अब हवा यारों
बनाने होंगे हमें अब नये ख़ुदा यारों

बशर जो अपनी ही नज़रों में गिर गया यारों
ना उसको कोई भी फिर तो उठा सका यारों

दिल-ए-हज़ीं[1] की सुनोगे ना अब नवा यारों
शिकस्ता-साज़ से निकली है कब सदा यारों

मज़ाक़-ए-हुस्न की पस्ती का अब ये आलम है
कि **बुल-हवस**[2] को वो कहते हैं **बावफ़ा**[3] यारों

तड़प रहा है बशर एक, इक जफ़रा के लिये
ये **बज़्म-ए-दहर**[4] है या **रेग-ए-करबला**[5] यारों

तमाम उम्र बनाये जिन्होंने ताजमहल
नसीब में ना हुआ उन के झोपड़ा यारों

ग़मों का मारा कोई जाये तो कहाँ जाये
ना आदमी कोई सुनता ना अब ख़ुदा यारों

गुनाह से नहीं कहर-ए-ख़ुदा से डरते हैं
हज़ारों ऐसे हैं दुनिया में **पारसा**[6] यारों

मरीज़-ए-इश्क़ ना अच्छा हुआ ना होना था
ना काम आई दवा ही ना कुछ दुआ यारों

अजब है जितना भी उन के क़रीब जाता हूँ
बढ़ा ही जाता है फिर उतना फ़ासला यारों

ग़मों में घिर के भी हर वक़्त मुस्कराते हैं
है अहल-ए-इश्क़ को हासिल ये हौंसला यारों

वो इश्क़ नाम से जिस के है चिढ़ ज़माने को
ना हो सका है ना होगा कभी फ़ना यारों

यही तो 'सहर' की भी ज़िंदगी का हासिल है
बता रहे हो जिसे इश्क़ की ख़ता यारों।।

1 - दुखी हृदय	2 - लालची
3 - वफादार	4 - दुनिया की सभा
5 - करबला की रेत	6 - सदाचारी

45

मैं हूँ कोशिश में मुस्कराने की

मैं हूँ कोशिश में मुस्कराने की
दम भी लें गर्दिशें ज़माने की

दर्द-ए-हिरमाँ[1], **फुगाँ**[2], **अलम**[3], हसरत
सुर्ख़ियाँ हैं मिरे फ़साने की

बर्क सी दिल पे कौंद जाती है
बात छेड़ो ना आशियाने की

आदमी आप अपना दुश्मन है
बाक़ी हर बात है बहाने की

कौन बोलेगा रूबरू-ए-हुस्न!
किस में जुर्रत है लब मिलाने की

अपने घर की ही ख़बर नहीं जिन को
बात करते हैं वो ज़माने की

हुस्न-ए-कामिल को किस ने देखा है
ताब[4] किस को है आँख उठाने की

दिल से पूछो वफ़ा है किस किस में
क्या ज़रूरत है आज़माने की

गुलिस्ताँ में ये रोशनी कैसी!
ख़ैर हो मेरे आशियाने की

प्यार से तुम ने मुझ को क्या देखा
नब्ज़ रुकने लगी ज़माने की

ज़िंदगी भर के ग़म भुला डाले
हाय! इक शब वो बादाख़ाने की

'सहर' हम उन को याद करते हैं
जिन को ज़िद है हमें भुलाने की।।

1 - मायूसी	2 - दुहाई
3 - दुख	4 - हिम्मत

46

महफ़िल-ए-हुस्न से हम दिल की चुभन लायें हैं

महफ़िल-ए-हुस्न से हम दिल की चुभन लायें हैं
ज़िंदगी भर के लिये **रंज-ओ-मेहन**[1] लायें हैं

उलझने दिल में मिरे पहले ही कुछ कम तो न थी
आप पेशानी पे क्यूँ इतने शिकन लायें हैं

सर्द मौसम का कोई ग़म है न ख़दशा कोई
दिल में हम याद रुख़-ए-शोला **फ़िगन**[2] लायें हैं

हिफ्ज़-ए-इंसाँ[3] के लिये ख़ाक हुए जीतने बशर
रुख़-ए-गेती[4] पे वही **तुरफ़ा फबन**[5] लायें हैं

दामन-ए-चाक लिए गुल भी हंसे हैं उन पर
तेरे दीवानों को जब **सू-ए**[6] चमन लायें हैं

अहद-ए-उल्फ़त[7] का जिसे कहते हैं **शहकार-ए-जमील**[8]
हम वही **ज़ख़्म-ए-दरूँ**[9], **दाग-ए-कुहन**[10] लायें हैं

धुल ही जायेगी बस अब गर्द भी ग़म की दिल से
'सहर' आज आँखों में हम **गंग-ओ-जमन**[11] लाये हैं।।

1 - पीड़ा और प्रयास	2 - फैला हुआ
3 - ईसानों की हिफ़ाज़त	4 - संसार के सामने
5 - दुर्लभ सौंदर्य	6 - की तरफ़
7 - प्यार की प्रतिज्ञा	8 - महानतम रचना
9 - दिल के घाव	10 - पुराने दाग़
11 - गंगा और जमुना	

47

चर्चा तिरे सितम का, सितमगर कहाँ नहीं

चर्चा तिरे सितम का, सितमगर कहाँ नहीं
किस अंजुमन में आज तिरी दास्ताँ नहीं

आकर **कफ़स**[1] में **शादी-ओ-ग़म**[2] से हूँ **बेनियाज़**[3]
अब मुझ को कुछ **शुऊर-ए-बहार-ओ-ख़िज़ाँ**[4] नहीं

किस से करूँ मैं उन की जफ़ाओं का तज़किरा
इक दिल ही दिल था वो भी मेरा हमज़बाँ नहीं

ऐ बरक-ए-शोला रेज़ तुझे क्या ख़्याल है
जो तुझ से जल सके वो मेरा आशियाँ नहीं

वाइज़ तुम्हारी **हर्ज़ा सराई**[5] से फ़ायदा?
मैं जानता हूँ इश्क़ में कोई ज़ियाँ नहीं

रुसवा करे न मुझ को कहीं मेरी खामोशी
दुनिया में और कोई मेरा हमज़बाँ नहीं

आँखों से तू निहाँ भी रहा है तो क्या हुआ
आख़िर तू मेरे दीदा-ए-दिल से निहाँ नहीं

आदाब-ए-बज़्म-ए-हुस्न[6] है क्या, जानता हूँ खूब
यानि वहाँ इजाज़त-ए-**आह-ओ-फुगाँ**[7] नहीं

ऐ 'सहर' मुझ पे मेरे जुनूँ का ये फैज़ है
चर्चा वहाँ भी है मेरा, मैं ख़ुद जहां नहीं।।

---

1 - पिंजरा, मानव शरीर
2 - ख़ुशी और दुख
3 - आज़ाद
4 - बसंत और पतझड़ का अहसास
5 - व्यर्थ बातें
6 - सौंदर्य की सभा के नियम
7 - ठंडी साँस और दुहाई

48

मिरे आंसुओं पर तिरा मुस्कराना

मिरे आंसुओं पर तिरा मुस्कराना
यह वो राज़ है जो न समझा ज़माना

वही मेरे दिल में बसे जा रहे हैं
जिन्हें चाहता था मैं दिल से भुलाना

मज़ा हम को आ जाये जो तुम भी सुन लो
हमारी ज़बाँ से हमारा फ़साना

तू ही कुछ बता मुझ को ऐ **बर्क-ए-सोज़ाँ**[1]
कहाँ खो गया है मिरा आशियाना

यूँ ही इश्क़ में उम्र बर्बाद कर दी
न कुछ हम ने समझा न कुछ हम ने जाना

मिटा दो मिरी हसरतों को भी यकसर
मुझे तुम अगर चाहते हो मिटाना

हवा महकी महकी फ़िज़ा कैफ़ परवर
चमन बन गया सर बसर **बादाख़ाना**[2]

हक़ीक़त से अपनी मैं ख़ुद बेख़बर हूँ
अजब क्या जो मुझ को न समझा ज़माना

बहुत कुछ इसे 'सहर' समझाया मैंने
मगर फिर भी दिल कुछ न समझा न माना।।

1 - भड़कती हुई बिजली 2 - मधुशाला

49

अब लाल-ओ-गुल से क्या मतलब

अब लाल-ओ-गुल से क्या मतलब जब हुस्न-ए-गुलिस्ताँ देख चुके
फिर और भला क्या देखेंगे जब जलवा-ए-जानाँ देख चुके

उठते ही सहर को आज उन्हे हमराह रकीबों के देखा
ताबीर है ये शायद उस की जो ख़्वाब-ए-परेशाँ देख चुके

क्या फूल गुलिस्ताँ में होंगे सीने के दागों से बेहतर
ऐ ज़ौक़-ए-तमाशा छोड़ हमे, हम हुस्न-ए-बहाराँ देख चुके

सुने तो जनाब-ए-शेख़ ज़रा छुप कर पीने से क्या हासिल
क्या बात है आपके ईमाँ की, हम आपका ईमाँ देख चुके

तस्वीर के दो रुख़ होते हैं, इक खूब है तो इक **ज़िश्त**[1] भी है
वो रंग-ए-ख़िज़ाँ भी देखेंगे जो रंग-ए-बहाराँ देख चुके

फूलों के पहलू में आख़िर काँटे भी पिन्हाँ होते हैं
ऐ ज़ौक़-ए-नज़र अब रहने दे हम हुस्न-ए-गुलिस्ताँ देख चुके

इख़लास[2] का इन में नाम नहीं सब अपनी ग़रज़ के बंदे हैं
हम महफ़िल-ए-याराँ क्या देखें, हम महफ़िल-ए-याराँ देख चुके

तक़दीर के आगे बस न चला ऐ 'सहर' किसी का दुनिया में
तदबीर को **आजिज़**[3] देख चुके, हम अक़्ल को हैराँ देख चुके।।

---

1 - ख़राब	2 - निश्छल प्रेम
3 - परेशान	

50

राज़-ए-उल्फ़त अयाँ ना हो जाये

राज़-ए-उल्फ़त अयाँ ना हो जाये
ख़ामोशी भी ज़बाँ न हो जाये

कर रहे हैं वो **ज़ब्त**[1] की **ताकीद**[2]
ज़ीस्त इक इम्तिहाँ ना हो जाये

फिर चमन में बहार आई है
नज़्र-ए-बर्क आशियाँ न हो जाये

ज़िक्र-ए-फ़सल-ए-बहार[3] रहने दो
और दूभर ख़िज़ाँ न हो जाये

मुझ को डर है बहार में तौबा
नज़्र-ए-पीर-ए-मुगाँ[4] न हो जाये

इक नज़र शैख़ पर भी ऐ साक़ी!
वो यूहीं बदगुमाँ ना हो जाये

मौत से है हयात की **तकमील**[5]
ज़िंदगी **जाविदाँ**[6] न हो जाये

हुस्न तो ख़ैर था ही अफ़साना
इश्क़ भी दास्ताँ न हो जाये

आप की बेरुख़ी से डरता हूँ
ज़ीस्त **बार-ए-गराँ**[7] न हो जाये

दामन-ए-दिल तो चाक चाक हुआ
चश्म भी खूँ-फिशाँ न हो जाये

'सहर' अच्छी गुज़र रही है मगर
फिर कोई बदगुमाँ न हो जाये।।

---

1 - धैर्य	2 - हिदायत
3 - बसंत में फसल की चर्चा	4 - धर्मगुरुओं को तोहफ़ा
5 - पूर्णता	6 - अमर
7 - कठिन ज़िम्मेदारी	

51

तेरे बग़ैर मुझ को हर इक गुल भी ख़ार है

तेरे बग़ैर मुझ को हर इक गुल भी ख़ार है
तू पास हो अगर तो ख़िज़ाँ भी बहार है

कुंज-ए-क़फ़स[1] है और दिल-ए-दाग़दार है
बदतर कहीं ख़िज़ाँ से हमारी बहार है

दर्द-ए-फ़िराक़[2] **सोज़-ए-मुहब्बत**[3] **हुजूम-ए-ग़म**[4]
दिन को है चैन मुझ को ना शब को क़रार है

चेहरा उदास लब पे फ़ुग़ाँ दिल में **इज़्तिराब**[5]
शायद ये कोई इश्क़ का उम्मीदवार है

क्यूँ दिल को अपना रहबर-ए-कामिल समझ लिया
इस पर ना ऐतबार ना कुछ इख़्तियार है

दिल **मुतमइन**[6] है वादा-ए-फ़रदा से आप के
हर चन्द जानता हूँ कि ना पायदार है

लाई है रंग ये किसी मज़लूम की फ़ुगाँ
सुनता हूँ मैं जफ़ा पे कोई शर्मसार है

हम मौत को हयात कहें या जुनूँ को अक़्ल
दुनिया-ए-इश्क़ में हमें सब इख़्तियार है

उठी है आशियाँ की तरफ़ फिर **निगाह-ए-बर्क**[7]
ये इक **दलील-ए-आमद-ए-फ़सल-ए-बहार**[8] है

दिल से **फुज़ूँ**[9] है दाग-ए-तमन्ना मुझे अज़ीज़
आख़िर यही तो इश्क़ की इक यादगार है

जी भर के आपने तो सताया है 'सहर' को
फिर भी वो शख़्स आप का मिन्नत गुज़ार है।।

1 - पिंजरे का कोना	2 - जुदाई का दर्द
3 - मुहब्बत की तपिश	4 - दुखों की भीड़ भाड़
5 - बेचैनी	6 - संतुष्ट
7 - बिजली की नज़र	8 - बसंत की फसल के आने का प्रमाण
9 - ज़्यादा	

52

ज़िंदगी में इश्क़ से है दिलकशी

ज़िंदगी में इश्क़ से है दिलकशी
वरना कुछ भी तो नहीं है ज़िंदगी

दिल्लगी जब से हुई दिल की लगी
इक तोहमत बन गई है ज़िंदगी

इश्क़ ही को **शौक़-ए-नज्ज़ारा**[1] नहीं
हुस्न भी है **माइल-ए-बे-पर्दगी**[2]

दिल तो वो पहली नज़र में ले चुके
अब तलब है उन को मिरी जान की

इक नज़र ही देखना था आप को
बारहा देखा तो वहशत हो गई

लज़्ज़त **सहबा-ए-इरफ़ाँ**[3] क्या कहूँ
तिश्नगी कुछ और भी बढ़ने लगी

ज़ब्त-ए-पैहम[4] ही का है ये मोजिज़ा
अब दवा बनने लगा है दर्द भी

हाँ ज़रा बच कर संभल कर देख कर
बन ना जाए दिल्लगी दिल की लगी

ख़्वाब में भी जो ना होते थे जुदा
अब वही करने लगे **पहलू-तही**[5]

जीना दूभर हो गया उन के बग़ैर
ज़िंदगी **तुर्फ़ा**[6] सज़ा होने लगी

'सहर' अपनी सख़्त जानी के **तुफ़ैल**[7]
है **दयार-ए-इश्क़**[8] में कुछ क़द्र सी।।

1 - देखने का शौक़	2 - बे-परदा होने की तरफ़ आकर्षित
3 - ज्ञान देने वाली मदिरा	4 - निरंतर सहनशक्ति
5 - टाल मटोल	6 - अनोख़ा
7 - कारण	8 - प्यार की दुनिया

53

ज़िंदगी तूने क्या दिया मुझ को

ज़िंदगी तूने क्या दिया मुझ को
ज़िंदा रहने की दी सज़ा मुझ को

कैसे झेलूँगा **ज़रब**[1] हाय अलम
दिल दिया भी तो काँच सा मुझ को

कोई खिड़की न कोई दरवाज़ा
क्या कहूँ कैसा घर मिला मुझ को

मैं तो अपनी वफ़ा पे **नादिम**[2] हूँ
तूने कुछ भी नहीं कहा मुझ को

जिस जगह साया भी नहीं जाता
दिल वहाँ रोज़ ले गया मुझ को

तेरी फ़ुर्क़त में यूँ कटे हैं दिन
मौत का कुछ न डर रहा मुझ को

मुझी को जुर्रात-ए-तलब न हुई
दर-ए-रहमत तो **वा**[3] मिला मुझ को

ख़ुद को पहचानता कहाँ हूँ मैं
क्यों दिखाते हो आईना मुझ को

तुम्हें जब से ख़ुदा बनाया है
याद आता नहीं ख़ुदा मुझ को

लज़्ज़तें सारी **हेच**[4] लगती हैं
दर्द ने वो मज़ा दिया मुझ को

मुझ को ख़ुद ही नहीं ख़बर अपनी
क्या बताऊँ कि क्या हुआ मुझ को

'सहर' जैसा भी हूँ मैं तेरा हूँ
तू नज़र से न अब गिरा मुझ को।।

1 - आघात	2 - शर्मिंदा
3 - खुला हुआ	4 - तुच्छ

54

ये किस ने कर दिया पैवस्त दिल में काँटा सा

ये किस ने कर दिया **पैवस्त**[1] दिल में काँटा सा
शिकस्त-ए-ज़ीस्त का हर गाम पर है खटका सा

वो पास थे तो उड़ा जा रहा था **रख़श-ए-वक़्त**[2]
वो क्या गये कि है अब वक़्त ठहरा ठहरा सा

मिरे ख़याल की दुनिया में किस के जलवे हैं
कि अब तो चाँद भी लगता है मुझ को मैला सा

ये कैसी प्यास है बुझने ही में नहीं आती
रहा मैं **चश्मा-ए-कौसर**[3] पे आ के भी प्यासा

मिरे **ख़ुलूस**[4] में कोई भी **इम्तियाज़**[5] नहीं
बशर बशर नज़र आता है मुझ को अपना सा

ये आज कौन सी महफ़िल में आ गया हूँ मैं
हुजूम-ए-शौक़ है लेकिन हूँ फिर भी तन्हा सा

बनाऊँ मंज़िल-ए-**इरफ़ाँ**[6] का **ख़िज़्र**[7] अब किस को
मुझे तो लगता है हर शख़्स भटका भटका सा

निगाह-ए-शौक़ की **वुस'अत**[8] भी कैसी वुस'अत है
वही है आज हक़ीक़त जो कल था **ख़दशा**[9] सा

एक अजनबी से मिला आज तो लगा ऐसे
कि जैसे बारहा पहले हो उस को देखा सा

वो **दौर-ए-तलख़**[10] कि जिस ने हमें किया बालिग़
वो दौर-ए-तलख़ भी लगता है 'सहर' मीठा सा।।

1 - एक साथ मिला हुआ	2 - तेज़ी से गुज़रना
3 - जन्नत का झरना	4 - सच्चाई
5 - भेदभाव	6 - ज्ञान
7 - मार्गदर्शक	8 - ताक़त
9 - डर	10 - कठिनाइयों का दौर

55

नज़्र-ए-बुतकदा

यकीनन बुतकदा हर हुस्न में कामिल तो मिलता है
यह वो घर है जो हर **ताज़ीम**[1] के काबिल तो मिलता है

कोई भी बुतकदा इरफ़ां की मंज़िल तो नहीं होता
मगर उस में **सुराग-ए-जादा-ए-मंज़िल**[2] तो मिलता है

किसी बुतख़ाना में जा कर ख़ुदा माना नहीं मिलता
मगर इतना भी क्या कम है सकून-ए-दिल तो मिलता है

बशर इक़बाल कर लेता है यकसर सब गुनाहों का
बज़ाहिर[3] ही सही तौबा पे वो माइल तो मिलता है

कोई कितना भी **जाबिर**[4] हो कोई कितना भी **सरकश**[5] हो
यहाँ आ कर **नियाज़-ओ-इज्ज़**[6] का हामिल तो मिलता है

यह माना बुतकदा **इबरत गह-ए-इस्याँ**[7] नहीं लेकिन
वो तकमील गुनाह की राह में हाइल तो मिलता है

बशर **मे'मार**[8] है अपने मुक़द्दर का बजा लेकिन
वो फिर भी **ताक़त-ए-ग़ैबी**[9] का कुछ क़ायल तो मिलता है

रह-ए-हक़[10] से **शनासा**[11] गो हम उस को कह नहीं सकते
यह क्या कम है कि 'सहर' अब **मुनकिर-ए-बातिल**[12] तो मिलता है।।

---

1 - झुक कर सलाम करना	2 - मंज़िल के मार्ग का पता
3 - ज़ाहिर में	4 - अत्याचारी
5 - विद्रोही	6 - मनोकामना और लाचारी
7 - विद्रोह की नसीहत देने वाला	8 - बनाने वाला
9 - अदृश्य ताक़त	10 - सच का रास्ता
11 - परिचित	12 - झूठ को नकारना

56

जहाँ में अब किसी का भी किसी को डर नहीं रहा

जहाँ में अब किसी का भी किसी को डर नहीं रहा
ख़ुदा ख़ुदा नहीं रहा बशर बशर नहीं रहा

किसी के दर्द का यहाँ इलाज ही नहीं कोई
दवा ही क्या दुआ में भी कोई असर नहीं रहा

मशीन बन गया है आदमी **ग़म-ए-मआश**[1] में
धड़कता दिल पिघलता उस का अब जिगर नहीं रहा

शजर-शजर[2] झुलस गया अलम की तेज़ धूप में
जो हम को छाँव दे कहीं कोई शजर नहीं रहा

बिके हुए हैं सजदे अब हर आस्ताँ है इक दुकान
ख़ुलूस[3] जिस जगह झुके वो **संग-ए-दर**[4] नहीं रहा

गुनाह क्या सवाब क्या जब आ गया तिरे हुज़ूर
सज़ा **जज़ा**[5] का 'सहर' को कोई ख़तर नहीं रहा।।

1 - जीविका कमाना
2 - हर एक पेड़
3 - सच्चाई
4 - चौखट का पत्थर
5 - अच्छे काम का बदला

57

उन के जो साथ गुज़रे लम्हे हंसी ख़ुशी के

उन के जो साथ गुज़रे लम्हे हंसी ख़ुशी के
आईना बन गये वो **औराक़**[1] ज़िंदगी के

साये में मयकदा के दो चार रोज़ जी के
बेज़ार-ए-ज़िंदगी भी **ख्वाहाँ**[2] हैं ज़िंदगी के

हर एक को पीने की वो **तल्कीन**[3] कर रहा है
शायद बहक गया है वाइज़ भी आज पी के

जिन को समझ रहा था अब तक फ़क़त मैं अपना
देखा तो नाम उन्हीं का लब पर है हर किसी के

उस हुस्न-ए-दिलरुबा की इक इक अदा के कुरबाँ
क्या क्या हुए **मुरत्तिब**[4] अफ़साने ज़िंदगी के

तुम ने तो मुस्करा कर फूलों को ज़िंदगी दी
सब रंग वरना इन के लगते थे फ़ीके फ़ीके

ख़ुद मौत को भी हंस कर **लब्बैक**[5] कह दिया था
देखे हैं हम ने आलम ऐसे भी बेबसी के

भूले से इक ख़ुशी भी दे दो कभी ख़ुदारा
ग़म तो दिये हुये हैं सारे ये आप ही के

ऐ मौत अब तिरा हम अहसान क्या उठायें
कुछ कम नहीं हैं हम पर अहसान ज़िंदगी के

जो तुझ से कह रहे थे हम तुझ पे मर मिटेंगे
महफ़िल से सब वो उठ कर चल भी दिये कभी के

महफ़िल में इसलिए ही ऐ 'सहर' रो दिये हैं
हम घुट के मर न जायें होटों को अपने सी के।।

---

1 - पृष्ठ, किताबों के पन्ने
2 - इच्छुक
3 - शिक्षा देना
4 - सिलसिलेवार
5 - आपकी सेवा में

58

जिस ख़ुशी पर कोई ग़म का साया न हो

जिस ख़ुशी पर कोई ग़म का साया न हो,
दहर में इक भी ऐसी ख़ुशी है कहाँ
ज़िंदगी भर सताता है डर मौत का,
ख़ाली इस से कोई भी घड़ी है कहाँ

जीने मरने की हम बात ही क्या करें,
हंसना रोना भी तो अपने बस में नहीं
क़ैद-ए-रूह-ओ-नफ़स[1] रह गयी है फ़क़त,
ज़िंदगी में भला ज़िंदगी है कहाँ

फूल खिलने से पहले ही मुरझा गये,
जो बहारें थीं नज़्र-ए-ख़िज़ाँ हो गयी
आशियाँ बिजलियों ने हड़प कर लिया,
चार तिनको की अब राख़ भी है कहाँ

लूटा अपनों ने गैरों से बढ़कर हमे,
ग़ैर अपनो सा इक ढोंग करते रहे
दोस्ती में मज़ा दोस्ती का नहीं,
जान ले ले जो वो दुश्मनी है कहाँ

उन के दम से ही था ज़र्रा ज़र्रा हसीं,
रश्क-ए-अर्ज़-ए-जिनाँ[2] थी ये ख़ाकी ज़मीं

वो नहीं तो चमन भी बियाबाँ लगे,
इन गुलों में भी अब दिलकशी है कहाँ

उन से मिलने की मुद्दत से थी आरज़ू,
और ख्वाहिश थी हो दम बदम गुफ़्तगू

वो मिले हैं तो अब जैसे लब सिल गये,
बात करने को कुछ बात ही है कहाँ

हुस्न है **माइल-ए-बज़्म-ए-आराई**[3] अब,
इश्क़ में भी नहीं है **शिकेबाई**[4] अब

जिस की पूजा करें जिस पे हम जान दें,
प्यार में अब वो पाकीज़गी है कहाँ

चाँद की आरज़ू में अबस आदमी,
आसमानों खलाओं में उड़ता रहा

दिलकशी की अदा वो ज़मीं ही पे थी,
आसमानों पे वो चाँदनी है कहाँ

उस की हस्ती से भी अब तो इंकार है,
कुछ ख़ुदा का नहीं अब तो बंदे को डर

कौन राज़ी है उस की रज़ा पर यहाँ,
वो **अक़ीदत**[5] वो अब बंदगी है कहाँ

ज़ीस्त है सर बसर एक **बार-ए-गराँ**[6],
क्या करें आरज़ू आब-ए-हैवाँ की हम

राहज़न से नहीं कम कोई राहबर,
रहबरी सी वो अब रहबरी है कहाँ

प्यास **हिर्स-ओ-हवस**[7] की कुछ ऐसी बड़ी,
खून-ए-इन्साँ से भी कब मिटी तिशनगी

बस्तियाँ जंगलों से भी बदतर हुई,
भेड़िया है बशर आदमी है कहाँ

ज़िंदगी भर जिये 'सहर' जीने को हम,
ज़िंदगी का मगर लुत्फ़ पा न सके

नेमत-ए-ज़िंदगी जिस पे कुरबाँ करें,
ऐसी दिलकश हसीं मौत भी है कहाँ।।

---

1 - आत्मा और साँस क़ब्ज़े में होना
2 - जन्नत को भी ईर्ष्या
3 - गोष्ठी की सजावट से आकर्षित होना
4 - संतोष
5 - विश्वास
6 - कठिन उत्तरदायित्व
7 - लालच और वासना

59

ग़मों ने घेरा जो घनघोर बदलियों की तरह

ग़मों ने घेरा जो घनघोर बदलियों की तरह
ख़ुशी भी आई नज़र साथ बिजलियों की तरह

मिला ना प्यार तो आख़र बिख़र ही जायेंगे
ये रिश्ते नाते हैं फूलों की पत्तियों की तरह

ग़म-ए-ज़माना में देखा है अपना ग़म हम ने
सुनी कहानियाँ सब आप बीतियों की तरह

लगाती फिरती है घर घर में आग सी हर सूँ
तुम्हारी बातें हैं माचिस कि तीलियों की तरह

नये समाज को जब जब करीब से देखा
बुलन्दियाँ भी नज़र आई पस्तियों की तरह

निशाँ भी उन का कोई कल मिले, मिले न मिले
उठे हैं आज अचानक जो आँधियों की तरह

पुरानी रस्में कहाँ ख़ुद नुमायाँ हैं वो
पड़ी है पाँव में कब से जो बेड़ियों की तरह

न जाने किस ने चुरा ली हैं उन की मुस्कानें
कि नन्हे होठों पे हैं गीत सिसकियों की तरह

बुरा भी कहना है लाज़िम तो मुस्करा के कहो
कि गालियाँ भी कभी दो ना गालियों की तरह

अंधेरे वक़्त के उन को निगल गये आख़िर
उफ़क़ पे उभरे थे जो नक़्श बिजलियों की तरह

अगर ये बढ़ने की रफ़्तार 'सहर' कम न हुई
तो रौंदे जायेंगे इंसान चीटियों की तरह।।

60

मिटते कभी जो देखे तसव्वुर में तख़्त-ओ-ताज

मिटते कभी जो देखे तसव्वुर में तख़्त-ओ-ताज
आँखों के आगे फिर गयी तस्वीर-ए-रामराज

घर घर में भूक खोल के बैठी है सर के बाल
दो वक़्त पेट भरने को मिलता नहीं अनाज

दर दर की खायें ठोकरें हर सूँ पढ़े लिखे
मिलता नहीं उन्हें कहीं भारत में काम काज

लाठी में जिस की ज़ोर है अब है उसी की भैंस
क़ानून क्या बदल दिये हैं उस ने सब रिवाज़

सब रहज़नों ने रहबरी है इख़्तियार की
हर छलनी कहती फिरती है अपने को अब तो छाज

अब अक़्ल-ओ-इल्म-ओ-फ़न की नहीं क़द्र, ज़र की है
झुकते हैं उस के आगे ही अब हाकिमों के ताज

वादा ही क्या हुआ जो वफ़ा हो गया हुज़ूर!
अब इश्क़ का नहीं ये सियासत का है रिवाज।।

61

हलक़ा-ए-ज़ुल्फ़-ए-सियाह फ़ाम - इलाही तौबा!

हलक़ा-ए-ज़ुल्फ़[1]-ए-सियाह फ़ाम - इलाही तौबा!
इश्क़ की कोशिश-ए-नाकाम - इलाही तौबा!

कोका-कोला से बहक जायें जो वो रिंद हैं हम
व्हिस्की-ओ-ठर्रा का इक जाम - इलाही तौबा!

हर क़दम पर उसे काँटे ही बिछाते देखा
कहने को है **बुत-ए-गुलफ़ाम**[2] - इलाही तौबा!

पहले हम बीमा करा लें तो मोहब्बत भी करें
मौत आती है **बहर गाम**[3] - इलाही तौबा!

साक़िया हम तो निगाहों से ही पी जाते हैं
रिंद **पाबन्द-ए-मय-ओ-जाम**[4] - इलाही तौबा!

पहले तो कद्र हुआ करती थी हुस्न-ए-दिल की
मो'तबर[5] अब है मगर चाम - इलाही तौबा!

इन के किरदार से शैतान भी शरमाता है
मुँह में जिन के है हरे राम - इलाही तौबा!।।

---

1 - बालों का कुंडल
2 - गुलाब जैसा सुंदर
3 - हर कदम पर
4 - शराब पीने का नियम
5 - आदरणीय

62

जश्न-ए-चराग़ाँ

शहर भर में आज इक जश्न-ए-चराग़ाँ हो गया
हर गली कूचा सजा - ऐसा गुलिस्ताँ हो गया

ज़र्रा ज़र्रा दहर का यूँ **नूर-अफ़्शां**[1] हो गया
रात की **तारीकियों**[2] से दिन नुमायाँ हो गया

इस मुबारक रात की हुस्न आफ़रीनी देखना
सीना-ए-पुर-दाग़[3] भी **रश्क-ए-गुलिस्ताँ**[4] हो गया

यास-ओ-हसरत[5] के लिए कोई जगह बाक़ी नहीं
दिल भी मेरा शामिल जश्न-ए-चराग़ाँ हो गया

आज मुरझाए हुए चेहरों पे रौनक़ आ गई
फिर निशान-ए-ज़िंदगी हर सूँ नुमायाँ हो गया

मश'अल-ए-हिम्मत जली तो मिट गई तारीकियाँ
जादा-ए-पुर-पेच-ओ-ख़म[6] तय करना आसां हो गया

'सहर' **ज़ुल्मत[7]-वसवसों[8]** की नाम को बाक़ी नहीं
दिल से फूटी रोशनी जश्न-ए-चराग़ाँ हो गया।।

---

1 - रोशनी फैलाने वाला	2 - अंधेरों
3 - ज़ख़्मी छाती	4 - बाग से ईर्ष्यालू
5 - दुख और इच्छा	6 - टेढ़े मेढ़े रस्ते
7 - अंधेरा	8 - भय

63

कभी तुझ को जो ऐ रश्क-ए-मसीहा देख लेते हैं

कभी तुझ को जो ऐ रश्क-ए-मसीहा देख लेते हैं
तिरे बीमार फिर मुँह ज़िंदगी का देख लेते हैं

नज़र आता नहीं हमको तो अपनी कम निगाही है
नज़र वाले तो कतरे ही में दरिया देख लेते हैं

हमें अपनी तमन्ना पर भी क्या क्या नाज़ होता है
कभी तुम को जो ऐ जान-ए-तमन्ना देख लेते हैं

चमन में, दश्त में, शोलों में, तूफ़ाँ खेज़ मौजों में
हर इक सूरत में, हम जलवा तुम्हारा देख लेते हैं

कहाँ हम हैं **तसव्वुर**[1] भी जो तेरा कर नहीं सकते
कहाँ वो लोग हैं जो तेरा जलवा देख लेते हैं

कभी साहिल नशीं भी जद में आ जाते हैं तूफ़ाँ की
कभी गिर्दाब वाले भी किनारा देख लेते हैं

किसी सूरत में बुतख़ाने का **सानी**[2] हो नहीं सकता
जो तुम ऐ शैख़ कहते हो तो क़ाबा देख लेते हैं

बहुत **ममनून**[3] हैं ऐ **गर्दिश-ए-अय्याम**[4] हम तेरे
कि तिरे फ़ैज़ से हर रंग-ए-दुनिया देख लेते हैं

सुना है 'सहर' दुनिया है फ़क़त उम्मीद पर क़ायम
कोई दिन हम भी ले कर ये सहारा देख लेते हैं।।

---

1 - कल्पना	2 - बराबर
3 - कृतज्ञ	4 - विपत्ति के समय

64

दिल की ख़लिश से चैन न आए तो क्या करूँ

दिल की ख़लिश से चैन न आए तो क्या करूँ
बनती नही है बात बनाए तो क्या करूँ

इश्क़-ए-बुताँ को मैंने तो समझा था दिल्लगी
ये दिल्लगी भी दिल को जलाए तो क्या करूँ

मैं जाम से पियूँ तो गुनहगार-ए-मय-कशी
नज़रों से अपनी कोई पिलाए तो क्या करूँ

मैंने हज़ार बार भुलाया तुम्हें मगर
दिल से तुम्हारी याद ना जाए तो क्या करूँ

तुझ सा दिखाऊँ और भी कोई तुझे मगर
आईना भी न सामने आए तो क्या करूँ

माना कि **बार-ए-ज़ीस्त**[1] कुछ ऐसा गराँ नहीं
ये भी मगर उठाया न जाए तो क्या करूँ

हर इक ख़ुशी भी होती है मुझ को **पयाम-ए-ग़म**[2]
हंसते ही हंसते आँख भर आए तो क्या करूँ

मैं उन से अपना क़िस्सा-ए-ग़म कह तो दूँ मगर
कोई नज़र ही अब न मिलाए तो क्या करूँ

जिस के लिए जहान से बेगाना हो गया
वो भी न 'सहर' अपना बनाए तो क्या करूँ।।

---

1 - ज़िंदगी का बोझ	2 - दुख का संदेश

65

जो काम हम को ना करना था कर के देख लिया

जो काम हम को ना करना था कर के देख लिया
कि ज़िंदा रहते ही मरना था मर के देख लिया

निशान तक ना मिला प्यार का कहीं कोई
कि उन के दिल में भी हम ने उतर के देख लिया

हम उन के प्यार के मूसल के मुन्तज़िर ही रहे
सर उन की ओखली में अपना धर के देख लिया

ग़ज़ब है हम पे वो इक बार भी न मर पाये
कि जिन पे हम ने कई बार मर के देख लिया

न पूछा हम को ख़ुदा ने न दुनिया वालों ने
बुलन्द हम ने ख़ुदी को भी कर के देख लिया

बसों के रेलों के माहाना पास ही निकले
सफ़ेद पोशों की जेबें कुतर के देख लिया

कोई हसीं भी न टकराया 'सहर' हम से कहीं
हर एक कूँचा से हम ने गुज़र के देख लिया।।

66

हम खड़े हैं क्यू में कब से कुर्सी पाने के लिए

हम खड़े हैं क्यू में कब से कुर्सी पाने के लिए
काश! हम को कह दे कोई बैठ जाने के लिए

ऐसा मौक़ा ज़िंदगी में बार बार आता नहीं
पाँच ही तो साल हैं दौलत कमाने के लिए

हम ने बंगले एक दो बनवा लिये तो क्या हुआ
कुछ जगह तो चाहिए सर को छुपाने के लिए

फ़िल्मी तर्ज़ों पर हैं जब से कीर्तन होने लगा
चाहिए पुलिस भक्तों को बिठाने के लिए

मयकदा में मिल ही जाये **पारसा**[1] शायद कोई
शैख़ साहेब जा रहे हैं आज़माने के लिए

दूध घी का तज़किरा तो छोड़िये - इस दौर मैं
ज़हर भी **ख़ालिस**[2] नहीं मिलता है ख़ाने के लिए

दैर-ओ-क़ाबा से **अक़ीदत**[3] है तो अब इतनी ही है
लोग जाते हैं ख़तायें बख़्शवाने के लिये।।

---

1 - सदाचारी	2 - शुद्ध
3 - विश्वास	

67

नज़्म - नौजवानों से ख़िताब

तराने मुहब्बत के गाता चला जा
बहर गाम हंसता हंसाता चला जा
दिलों पर मुहब्बत से छाता चला जा
तू दुनिया को जन्नत बनाता चला जा

हवादिस[1] में भी मुस्कराता चला जा

वतन को **तअस्सुब**[2] की **बिद'अत**[3] ने लूटा
दिलों की कदूरत जहालत ने लूटा
हमें तो हमारी ही ग़फ़लत ने लूटा
वतन नींद में है जगाता चला जा

हवादिस में भी मुस्कराता चला जा

नहीं इस से बेहतर कोई कामरानी
वतन पर लुटा दे तू अपनी जवानी
तिरी मौत है इक नई ज़िन्दगानी
तू लोगों को मरना सिखाता चला जा

हवादिस में भी मुस्कराता चला जा

तिरी हर हंसी है वतन की अमानत
तिरी हर ख़ुशी है वतन की अमानत
तिरी ज़िंदगी है वतन की अमानत
वतन की तू बिगड़ी बनाता चला जा

हवादिस में भी मुस्कराता चला जा

वतन पर है **नाज़िल**[4] हज़ारों बलायें
मसाइब[5] के तूफ़ाँ ग़मों की घटायें
कदम अब तिरे डगमगाने ना पायें
क़ज़ा को भी आँखें दिखाता चला जा

हवादिस में भी मुस्कराता चला जा

तू ही जान-ओ-ईमान-ओ-शान-ए-वतन है
तू ही हर घड़ी **पासबान**[6]-ए-वतन है
ख़बरदार! अब इम्तिहान-ए-वतन है
भ्रम दुश्मनों का मिटाता चला जा

हवादिस में भी मुस्कराता चला जा

तू हर यास-ओ-हसरत में उम्मीद हो जा
किताब-ए-वतन की तू **तमहीद**[7] हो जा
तू उठ और ज़र्रे से **ख़ुर्शीद**[8] हो जा
तू मर मर के जीना सिखाता चला जा

हवादिस में भी मुस्कराता चला जा।।

1 - हादसा	2 - धार्मिक पक्षपात
3 - अनीति, अन्याय	4 - गिरने वाली
5 - विपत्तियाँ	6 - चौकीदार
7 - प्रस्तावना	8 - सूरज

68

नज़म - होली

सुना है शहर में होली मनाई जायेगी
सरूर-ओ-ऐश की महफ़िल सजाई जायेगी

गुलाल-ओ-रंग के बादल हवा में बिखरेंगे
शबाब-ओ-हुस्न के नग़मे फ़िज़ा में गूंजेंगे

जुनून-ओ-शौक़ में बेख़ुद जवानियाँ होंगी
सरूर-ओ-रंग में डूबी कहानियाँ होंगी

ख़ुशी में झूमते गाते जुलूस निकलेंगे
कि ज़िंदगी के तराने लबों पे मचलेंगे

जिधर भी देखेंगे ख़ुशियों के कारवाँ होंगे
सुना है अहल-ए-चमन फिर से **शादमाँ**[1] होंगे

गले मिलेंगे **मुसर्रत**[2] से **तिफ़्ल-ओ-पीर-ओ-जवाँ**[3]
मिटा दी जायेंगी यकसर **तमीज़-ए-ईं-ओ-आँ**[4]

कदम मिला के उठायेंगे मुफ़लिस-ओ-मुनइ'म
उड़ेगा आज हवाओं में प्यार का परचम

न कोई छोटा बड़ा या भला बुरा होगा
कि आज बज़्म में हर कोई एक सा होगा

कुछ इस अन्दाज़ से इस जश्न को मनायेंगे
दिलों के दाग भी रंगों में डूब जाएँगे

सुना है आज नया दौर एक आयेगा
जो ज़िंदगी का नया ही पैयाम लायेगा

मज़ा तो जब है कि ये दौर जाविदाँ हो जाये
खुलूस-ए-दिल से **मुरत्तब**[5] ये दास्ताँ हो जाये

क़दूरतों[6] की स्याही का कुछ निशाँ न रहे
बुलन्द-ओ-पस्त का दिल में कोई गुमाँ न रहे

अब एक सतह पर आ जायें सब अमीर-ओ-ग़रीब
कि एक सब का मुक़द्दर हो एक सब का नसीब

किसी ग़रीब के अरमान घुट के मर न सकें
फ़रेब-ओ-किज़्ब[7] की दीवारें अब ठहर न सकें

दिलों के ख़ून से लबरेज़ कोई जाम न हो
कि इस समाज का पहला सा अब निज़ाम न हो

जो एक अश्क़ गिरे खून-ए-दिल उबल उठे
जो एक शाख जले गुलिस्ताँ मचल उठे

कि **मुफ़लिसों**[8] को भी **ज़रदार**[9] आदमी समझें
कि उन की जान को अपनी ही ज़िंदगी समझें

किसी के रहम की तालिब न ज़िंदगी हो कोई
न आदमी ही का मोहताज आदमी हो कोई

सुना है शहर में होली मनाई जायेगी
सुना है इक नई महफ़िल सजाई जायेगी।।

1 - प्रसन्न	2 - ख़ुशी, आनंद
3 - बच्चे, बूढ़े और जवान	4 - लोक परलोक का वर्ग
5 - कर्मबद्ध	6 - मन-मुटाव
7 - छल और झूठ	8 - गरीब
9 - रईस	

रुबाइयाँ और शायरी

इंसाँ तो है वही जो बदल दे **निज़ाम-ए-दहर**[1]
इंसाँ वो क्या जो **गर्दिश-ए-दौरा**[2] से डर गया

1 - ज़माने का बंदोबस्त   2 - समय का उलटफेर

हबीब थे मिरे कल तक जो आज हैं वो **रक़ीब**[1]
उठाये फिरता हूँ काँधो पे ख़ुद मैं अपनी **सलीब**[2]
गिला है मुझको किसी से ना कुछ शिकायत है
कि अपना अपना मुक़द्दर है अपना अपना नसीब

1 - प्रतियोगी   2 - फाँसी

ये रो'ब-ए-हुस्न जानिए या **एहतराम**[1]-ए-हुस्न
शिकवे मिरी ज़बान पर आ आ कर रह गये

1 - इज़्ज़त, सम्मान

कभी क़रीब से देखो तो हर हसीं **तख़लीक़**[1]
हज़ार रंग से **तशना**[2] है नामुकम्मल है

1 - रचना 2 - प्यासा

तुम्हारी याद होती है कभी तो **बाइस-ए-तस्कीं**[1]
कभी दिल का सुकून-ओ-चैन **बरहम**[2] यूँ भी होता है

हंसी को आप **पैग़ाम-ए-मसर्रत**[3] क्यूँ समझ बैठे
मैं हंसता हूँ कि इक अन्दाज़-ए-मातम यूँ भी होता है

1 - तसल्ली का कारण 2 - नाराज़
3 - आनंद का संदेश

ये **जुस्तुजू-ए-गुल**[1] का ही अंजाम था कि हम
दामन को **ख़ार ख़ार**[2] से उलझा के रह गए

सीने का इक दाग़ भी उन से ना धुल सका
तूफ़ान आंसुओं के बहुत आ के रह गए

1 - फूल की चाहत 2 - कांटो

किसी का दर्द बटाना भी अब तो ऐब हुआ
किसी गिरे को उठाना भी अब तो ऐब हुआ

गिरे कोई तो ख़बरदार! मत उठाना उसे
किसी गिरे को उठाना भी अब तो ऐब हुआ

तुम्हारी देखा देखी सब मुझे दीवाना कहते हैं
मिरी दीवानगी से फिर तुम इतने **बदगुमाँ**[1] क्यों हो

जला दे उसको ऐ **सय्याद**[2] ये भी इक करम होगा
नहीं जब मैं ही गुलशन में तो मिरा आशियाँ क्यों हो

1 - संदिग्ध 2 - शिकारी

जिन का कोई जवाब नहीं था, जिन का कोई जवाब नहीं है
ज़हन-ए-बशर[1] में **अज़ल**[2] से अब तक, ऐसे कई सवाल रहे हैं

1 - इंसान का दिमाग़ 2 - सृष्टि की उत्पत्ति

जला के मिरा नशेमन **क़फ़स**[1] भी फूंक दिया
किया ना बरक ने क्या मिरे इम्तिहाँ के लिए

1 - पिंजरा

है फ़ना **ना-आशना**[1] मिरी हक़ीक़त का वजूद
तू मिटाने पर मेरे ऐ आसमाँ आया तो क्या

ज़िंदगी के इम्तिहानों से बहुत आसान है
मौत का भी आख़िरी इक इम्तिहाँ आया तो क्या

1 - बेख़बर

पूछो ना ये क्या मुझ को नज़र आता है
इक **मोजिज़ा**[1] सा मुझ को नज़र आता है
जिस बंदे को भी प्यार से मैं देखता हूँ
उस में ही ख़ुदा मुझ को नज़र आता है

1 - चमत्कार

वो आए सामने लेकिन नज़र मिला ना सके
सहर हुई भी तो हम ने न रोशनी देखी

यक्साँ[1] है **शान-ए-दैर-ओ-हरम**[2] देखता है क्या
ये दिल से पूछ सजदा कहाँ हो कहाँ न हो

1 - एक समान 2 - मंदिर और मस्जिद की भव्यता

ख़ता ख़ता है जो **औसान**[1] - आप क्या जानें
लुटे हैं कितने ही अरमान - आप क्या जानें
किसी के कुचा-ए-दिल में शिकस्त-ए-दिल के बाद
उमड़ रहें हैं जो तूफ़ान - आप क्या जानें

1 - समझ

जहाँ में एक ये आख़र बड़ी कमी देखी
न हम ने शक्ल कोई और आप सी देखी

ख़ुलूस-ओ-शौक़[1] से की जब भी हम ने **अर्ज़-ए-वफ़ा**[2]
मिज़ाज-ए-हुस्न में कुछ और **बरहमी**[3] देखी

कभी हंसे भी तो ऐ 'सहर' अश्क़ उमड़ आए
न पूछो हम ने किस आलम में ज़िंदगी देखी

1 - पवित्रता और इच्छा
2 - सम्मान से प्रार्थना करना
3 - नाराज़गी

ये हुस्न की महफ़िल है संभल ऐ दिल-ए-नादाँ
इस में वही कातिल है जो कातिल नहीं होता
मिलता है मुक़द्दर ही से सौदा-ए-मुहब्बत
हर शख़्स इस **ऐज़ाज़**[1] के काबिल नहीं होता
गिर्दाब[2] में फस कर जो सबक होता है हासिल
आसूदा-ए-साहिल[3] को वो हासिल नहीं होता

1 - प्रतिष्ठा
2 - भँवर
3 - किनारे पर बेफिकर

अहल-ए-कफ़स[1] का हश्र ख़ुदा जाने क्या हुआ
अहल-ए-चमन[2] भी मुझ को तो **बे-बाल-ओ-पर**[3] मिले
कुछ मसलहत थी इस में की **दानिस्ता**[4] बेरुख़ी
बेगाना वार गुज़रे कहीं वो अगर मिले
ऐ दिल ये राह-ए-इश्क़ में क्या आ गया मुक़ाम
उनकी खबर मिले न कुछ अपनी खबर मिले
लुत्फ़-ओ-करम[5] की उन से **तवक्को**[6] हो क्या हमें
ग़म भी मिले जो उन से बहुत **मुख़्तसर**[7] मिले

1 - पिंजरे में रहने लायक़
2 - बाग में रहने वाले
3 - मजबूर
4 - जान बूझ कर
5 - मेहरबानी
6 - उम्मीद
7 - थोड़े

तंग आ गये हैं उस के **मज़ालिम**[1] से हम बहुत
चलिए अब उस जगह कि जहाँ आसमाँ न हो
ख़ुद आप हमने अपना नशेमन जला दिया
मतलब ये था कि **बर्क़-ए-तपाँ**[2] बदगुमाँ न हो

1 - अत्याचार
2 - तपा देने वाली बिजली

जहाँ की हर हसीं शै में है तिरे हुस्न का **परतव**[1]
मुझे तो कू-ब-कू, हर सू, तिरा जलवा नज़र आया
ज़रूरत ही नहीं मुझ को **तवाफ़-ए-दैर-ओ-काबा**[2] की
खुलूस-ए-दिल[3] से तुझ को जिस जगह ढूँढा वहीं पाया

1 - परछाई
2 - मंदिर और मस्जिद के चक्कर लगाना
3 - पवित्र हृदय

मुसीबत को मुसीबत जान कर जीना तो है मुश्किल
कभी दिल की लगी को दिल्लगी कहना ही पड़ता है
इसी में मसलहत है ये न जाने कैसा वक़्त आया
कि अब तो रहज़नी को रहबरी कहना ही पड़ता है

आप ही के दम कदम से है ये सब शान-ए-बहार
खिल रहा है सहन में हर सू गुलिस्तान-ए-बहार
आप क्या आये कि हर ज़र्रे पे रौनक आ गई
आप ही शान-ए-चमन है आप ही जान-ए-बहार

अदाये-ए-हुस्न का जादू फ़िज़ा पे छा ही गया
दिल-ओ-दिमाग़ में इक ज़लज़ला सा आ ही गया
अजीब चीज़ थी बहकी हुई नज़र तेरी
मेरा **शुऊर**[1] **बहर गाम**[2] डगमगा ही गया

1 - होशियारी
2 - हर कदम पर

अब तू ही तू है दिल में **मकीं**[1], तेरी कसम
दुनिया की है हर चीज़ हसीं, तेरी कसम
हर ज़र्रे में **रक्साँ**[2] है तेरा **हुस्न-ए-जमील**[3]
है **रश्क-ए-जिनाँ**[4] अब ये ज़मीं, तेरी कसम

1 - आबाद होना
2 - नाचता हुआ
3 - सुंदर सुंदरता
4 - जिसे देख कर स्वर्ग को ईर्ष्या हो

ख़िदमत-ए-ख़ल्क[1] से बढ़ कर तो नहीं कोई सवाब
है मुनासिब की बशर ज़ीस्त में कुछ कर जाये
रूह तो ज़िंदा थी - ज़िंदा है - रहेगी ज़िंदा
जिस्म को मरना है इक बार कभी मर जाये

1 - देश सेवा

रूठी हुई ख़ुशियों को मना क्यूँ नहीं लेते
महफ़िल नये ख़्वाबो की सजा क्यूँ नहीं लेते
नफ़रत के अंधेरों में यूँहीं भटकोगे कब तक
इक शम'आ मुहब्बत की जला क्यूँ नहीं लेते

जो निकलती है छन के अश्क़ों से
वो हंसी दिलनशीन होती है
ज़िंदगी जितनी **कुश्ता-ए-ग़म**[1] हो
मौत उतनी हसीन होती है

1 - ग़म से मारना

ख़ून रोती है हसरतें लाखों
नख़्ल-ए-उम्मीद[1] कोई खिलता है
मौत की वादियों में गुम हो कर
ज़िंदगी का सुराग़ मिलता है

1 - आशा का वृक्ष

हर **अलम**[1] हंसते हंसते सहते हैं
हर घड़ी **ख़ंदा**[2] लब ही रहते हैं
मरने वाले वफ़ा की राहों में
मौत को ज़िंदगी भी कहते हैं

1 - दुख 2 - मुस्कराते हुए

ख़ुशी से चोट नई रोज़ खाये जाते हैं
हैं अश्क़ आँखों में और मुस्कराये जाते हैं
ग़म-ए-ज़माना सताएगा 'सहर' क्या उनको
जो उसकी याद में ख़ुद को भुलाये जाते हैं

आदमी कितना भी मजबूर रहे दुनिया में
गर्दिश-ए-वक़्त[1] तो मजबूर नहीं होती है
मिट ही जाते हैं अंधेरों के निशाँ सब आख़िर
रात से सुबह बहुत दूर नहीं होती है

1 - कालचक्र

अब्र-ए-तारीक़[1] में इक बर्क भी लहराती है
हर कली काँटों के साये में भी खिल जाती है
रात कितनी भी अंधेरी हो - **बला ख़ेज़**[2] मगर
रात के बाद नई सुबह ज़रूर आती है

1 - काले बादल 2 - आफ़त ढाने वाली

हमारी बात ही क्या 'सहर' हम रहें न रहें
वतन पर अब न कोई **हर्फ़**[1] आने पायेगा
जिसे भी **ज़ईम**[2] हो इक बार आज़मा ले हमें
क़सम है जो भी उठेगा वो मुंह की खायेगा

1 - कलंक 2 - अहंकार

मुज़दा[1] कि फिर **दरखशाँ**[2] हुई है **रह-ए-हयात**[3]
फ़र्त-ए-तरब[4] रो झूम उठी सारी कायनात
हर **बाम-ओ-दर**[5] से आज रवाँ है वो **सैल-ए-नूर**[6]
गोया[7] **शब-ए-सियाह**[8] हुई है शब-ए-बारात

1 - शुभ समाचार 2 - चमकीला
3 - ज़िंदगी की राह 4 - अधिक प्रसन्नता
5 - छत और दरवाज़ा 6 - रोशनी की बाढ़
7 - जैसे 8 - अंधेरी रात

बे-सबब[1] **एहतिमाम**[2] करते हैं
अहमकों[3] को सलाम करते हैं
दौर-ए-नौ[4] के ये लोग - क्या कहिये!
हर गुनह शारे-ए-आम करते हैं

1 - बिना किसी कारण
2 - देखभाल
3 - बे-अक्ल
4 - वर्तमान समय

लोकेश 'नादिर' की कलम से

1

रास्ते की तलाश

था दिल में इक जुनून, जिसे थी रास्ते की तलाश
कुछ धुंधले से अरमान उस के, कुछ दिल के बहुत पास

था चाहता छूना ऊँचाइयों को, वो मंज़िल पर पैर रखने का एहसास
कुछ महनतें जो रंग ले आई, और कुछ दबी दबी सी आस

वो ज़हन में ख़्वाबों का गुलदस्ता, वो ख़ुद से किए वादों का गुच्छा
वो मज़बूत इरादों की टोकरी, और वो उम्मीदों से भरा भारी बसता

है ढूँढ रहा उन को फिर आज कोई, टटोल रहा पुरानी यादों में
है बीत गई ज़िंदगी हज़ारों की, ख़्वाबों, वादों, इरादों, और उम्मीदों की बातों में।।

2

पढ़ लूँ ना दिल का दर्द कहीं

पढ़ लूँ ना दिल का दर्द कहीं, अल्फ़ाज़ बदल लेते हो
आँखों में नमी आ जाए तो, आवाज़ बदल लेते हो
चाहते हो हमारे दिल में रहना तुम भी
अंजाम के डर से, एहसास बदल लेते हो

पहचान ना लूँ तुम्हारे आने की दस्तक, आहट बदल लेते हो
चाहतें मुकम्मल ना हो जाएँ कहीं, मुसीबत बदल लेते हो
जी रहे हो तुम भी, किसी दीवाने के इंतज़ार में
दीवानगी मिल ना जाए कहीं, इबादत बदल लेते हो

मंज़िल नज़र आ जाए तो, कश्ती बदल लेते हो
समझ लूँ ना तुम्हारे जज़्बात कहीं, हस्ती बदल लेते हो
मेरा अक्स बनकर चलना चाहते हो तुम भी
राह में नज़र ना आ जाऊँ कहीं, बस्ती बदल लेते हो

उठते हैं अब कुछ सवाल दिल में, तेरी चाहत क्या, तेरी रज़ा क्या
है इश्क़ अगर तुमको भी, तो इस बेरुख़ी की वजह क्या
जीतें हैं अब हर पल हम, तेरी इक नज़र के इंतज़ार में
है यही तुमसे इश्क़ करने की सज़ा क्या, क़ज़ा क्या?

चल चार कदम साथ चल मेरे, ज़िंदगी को अपनी सफल बना लेते हैं
कुछ साथ गुज़रे हुए पलों में, हम अपने ख़्वाबों का महल बना लेते हैं
बीती हुई बातों और लफ़्ज़ों को, चल छोड़ चलते हैं पीछे
मेरी तुम्हारी गुफ़्तगू को, हमदम मेरे, चल ग़ज़ल बना लेते हैं।।

3

ख़्वाबों का ख़्वाब

रह जाते हैं हम हर बार यूँ ही, अपने ख़्वाबों का ख़्वाब देख कर
रुक जाते हैं हम हर बार यूँ ही, सफ़र में खड़ी मुश्किलें देख कर

सीखा था अभी तक हम ने सिर्फ़ पगडंडियों पर चलना
टूट जाते हैं हम हर बार यूँ ही, हासिल-ए-ख़्वाब का अंजाम सोच कर

था सोचा हम ने, कि कुछ अलग कर के दिखाएँगे
जो कहते थे समाज के नक़्शे कदम पर चलो, उन को घुटनों पर झुकाएँगे

हासिल करेंगे कुछ ऐसा, कि सब के दिलों में बस जाएँगे
मर भी गये तो परवाह नहीं, लोगों के दिलों में अपनी यादें छोढ़ जाएँगे

जियेंगे ऐसी ज़िंदगी, दुनिया के लिए एक मिसाल बन जाएँगे
अपने ख़्वाबों को पाने के लिए हुज़ूर, हम हद् से गुज़र जाएँगे

अफ़सोस मगर ये है, कि ख़्वाब सिर्फ़ ख़्वाब बन कर रह जाते हैं
जब नींद नहीं आती रातों में, तो यही ख़्वाब भारी आँखों को सताते हैं

गुनगुनाते हैं, समझाते हैं, चिल्लाते हैं, और चुपके से छेड़ जाते हैं
हर बार यूँ ही, ख़्वाबों को कलम से काग़ज़ पर उतार कर, हम चैन की नींद सो जाते हैं।।

4

तो तुम याद आए

आज बैठे बैठे यूँ ही, यादों के पन्ने पलटते हुए
इक काग़ज़ का फूल मिला, तो तुम याद आए

उस फूल से गिरे कुछ सपने, जो हमने थे मिलकर साथ सजाये
मुरझा कर जब वो फूल खिला, तो तुम याद आए

इक अरसे से थी जो दिल में बात, चाहता था मिरी ज़ुबान पर आए
दिल में ही जब रह गये जज़्बात, तो तुम याद आए

भागता रहा हर हक़ीक़त से मैं, ना वाक़िफ़ हो सका अपनी ही शख़्सियत से मैं
जब आया आईना सामने मिरे, तो तुम याद आए

तुम डालते थे मिरी हर भूल पर परदा, तुम्हें गवारा था मिरा हर ऐब
जब तुमने ही साथ छोड़ा मिरा, तो तुम याद आए

थी होती जब कोई भी ख़ुशी, तो तुमको ही पहले बताता था
होता अगर परेशान मैं, तो तुमको भी मैं सताता था
तुम दूर हो आज मुझसे, तुमको सताने को जी चाहता है
रह गये जब दिल में ही अरमान, तो तुम याद आए

आलम तन्हाई का ये है, कि महफ़िल में भी ख़ुद को अकेला पाता हूँ
जब आती है तिरी याद तो, कुछ लिख कर सुकून पाता हूँ
तिरा चेहरा लिए नज़रों में आज फिर मैं कुछ लिखने बैठा था
आया नहीं जब कुछ याद, तो तुम याद आए।।

5

है हसरत के मिले फ़ुरसत

है हसरत के मिले फ़ुरसत के कुछ पल जो तेरे साथ
जिन में हो जायें बयाँ तेरे लिये मिरे दिल के जज़्बात
मैं जी लूँ इन लम्हों को मिरी शहादत से पहले इक बार
क्या पता हमारी मुलाक़ात की जगह ना बन जाए मेरी मज़ार

तेरी आँखें तेरे दिल में उफनता सैलाब दिखाती हैं
है क्या तेरी मजबूरी जो पास आ कर इतना दूर चली जाती है
है वक़्त का तक़ाज़ा आज, है गुज़ारिश यही लम्हों की
आ कर शरीक हो दिल की महफ़िल में, क्यों दूर से ख़ुद को
बहलाती है

रोएगी तू, जब मेरी शहादत की खबर तेरे घर आएगी
याद आएँगी मेरी गुज़ारिशें और छुप छुप कर आंसू बहाएगी
सोचेगी, काश मिल लेती और कर देती इश्क़-ए-बयाँ
अफ़सोस होगा जब दिल की बात महज़ दिल में रह जाएगी

रहेगा फिर भी यक़ीन मुझको, तेरे इश्क़ पर, तेरे याराने पर,
दिल के हाथों मजबूर हो कर, दो फूल चढ़ाने क़ब्र पर तो आएगी
समझ लूँगा इसे ही हमारे इश्क़ की शुरुआत और अंजाम मैं
मरने के बाद ही सही, हमारी अर्ज़ी अपना निशाँ तो पाएगी।।

6

जी चाहता है

तू दूर है आज मुझसे, तुझे छूने को जी चाहता है
तेरी गोद में सर रख कर, सोने को जी चाहता है

जी रहें हैं अब तक हम, तेरी यादों के सहारों पर
तेरे सीने से लग के, रोने को जी चाहता है

कुछ गिरे पड़े अल्फ़ाज़ों में, ढूँढ रहे हैं ज़िंदगी अपनी
समेट कर इन्ही अल्फ़ाज़ों को, कविता लिखने को जी चाहता है

चाहे गुज़र जाए ये ज़िंदगी, तेरे इक़रार के इंतज़ार में
साथ तेरा पाने के लिए हमदम, इक ज़िंदगी और जीने को जी
चाहता है

मेरी शख़्सियत में बसे तेरे चेहरे को, नज़रों के सामने लाने को
जी चाहता है
तेरी आँखों में बसी मेरी मुहब्बत को, महसूस करने को जी
चाहता है

है बेरुख़ी अगर तुम को कोई, मनाने वाले हम भी कम नहीं
तेरी इक मुस्कराहट के लिए, हद् से गुज़रने को जी चाहता है

हो साथ तुम मेरे अगर, दुनिया जीत जाने को जी चाहता है
इश्क़ में तेरे ख़ुद को डुबा कर, फिर उभर जाने को जी चाहता है

टूट कर बिखरने के ज़माने बहुत थे मगर
तेरे इश्क़ में हमदम, क़िस्मत फिर आज़माने को जी चाहता है।।

7

मैं कौन हूँ??

मैं कौन हूँ??

मौजों का सुरूर हूँ या
साहिलों का सुकून हूँ

गिर्दाब में फसी कश्ती हूँ या
गोशा-ए-बहर[1] पे मुसर्रत बस्ती हूँ

तुम्हारी मेज़ पर पड़ी अधूरी किताब हूँ या
तेरे **नूर-ए-चश्म**[2] का सवाब हूँ

वो तुम्हारा बरसों से बंद संदूक़ हूँ या
तेरे बेवफ़ा इश्क़ का **मख़लूक़**[3] हूँ

इस आलिम-ए-दुनिया का **मेहमान-ए-ख़ुसूसी**[4] हूँ या
बज़्म-ए-ज़ीस्त का फ़क़ीर ग़ैर-ज़रूरी हूँ

फ़र्रूख़-ए-बशर[5] का लापरवाह इश्क़ हूँ या
साहिल-ए-ख़ुदा[6] में बकाया महाना किश्त हूँ

हवाओं का रुख़ बदल दे जो, वो तरकीब हूँ या
वक़्फ़ा-ए-तब्दील-ए-आलम[7] जो, वो रक़ीब हूँ

मैं कौन हूँ? मैं कौन हूँ?

1 - सागर किनारे	2 - आँखों की रोशनी
3 - परिणाम	4 - विशेष मेहमान
5 - आनंदित इंसान	6 - ख़ुदा का हिसाब
7 - दुनिया को बदलाव से रोकने वाला	

8

तस्वीर

फिर वही रात, आज फिर वही बात याद आयी है
तेरे आंसुओं में मुझे, बीते हुए कल की याद आयी है

ज़िंदा रहा मैं यूँ, मुर्दा दिलों की तरह
तेरी मिसालों में मुझे, मेरी तस्वीर नज़र आयी है

था शौक़ हमें भी ख़ुदगर्ज़ी का, जीते थे हम भी सिर्फ़ अपने लिए
तेरे अक्स में बंदे मेरे, मेरी भी परछाई है

ना करते हम तुम गुरूर इतना, ना रखते हम तुम शिकवा अगर
ना छोटा समझते दूसरों को ख़ुद से कभी, और सीने में रखते शेरों सा जिगर

तो आज ये आलम ना होता, ना जाने ये कैसी तन्हाई है
इक वक़्त पर पूछने को ज़माना था, और आज - चार कंधों की लड़ाई है।।

9

खोना और पाना

मैं पा जाता हूँ ख़ुद को, कुछ तेरी शरारत भरी बातें सुन कर
मैं खो जाता हूँ ख़ुद से, कुछ तेरी नम आँखों की आहें सुन कर

मैं पा जाता हूँ ख़ुद को, तेरे लबों से वो इश्क़ का इज़हार सुन कर
मैं खो जाता हूँ ख़ुद से, हर बात पर हो रही हमारी तकरार सुन कर

मैं पा जाता हूँ ख़ुद को, सोच कर वो हमारी पहली मुलाक़ात
मैं खो जाता हूँ ख़ुद से, जब दिल में ही रह जाते हैं जज़्बात

मैं पा जाता हूँ ख़ुद को, जब कहे बिना तू मेरी बात समझ जाती है
मैं खो जाता हूँ ख़ुद से, जब दोहराने पर भी बात अनसुनी रह जाती है

मैं पा जाता हूँ ख़ुद को, जब चुपके से हर शाम तेरी बाहों में गुज़र जाती है
मैं खो जाता हूँ ख़ुद से, जब सामने हो कर भी तू नज़र नहीं आती है

यूँ रोज़ रोज़ का पाना और खोना यारों, अजब ही बीमारी है
समझ लो जीवन का सार यही, इस में ही समझदारी है

पड़ जाएगी हमें भी आदत, जीने की कुछ इस तरह
रोज़ पाएँगे, रोज़ खोएँगे, ना ग़म की रखेंगे कोई वजह।।

10

आक्रोश

है आक्रोश जो मन में तू जताता क्यूँ नहीं
है बात जो दिल में तू बताता क्यूँ नहीं
मानता हूँ मौत है हर उलझन का साधन
तू ज़िंदगी से हाथ मिलाता क्यूँ नहीं

है राह अगर मुश्किल तो क्या, तू एजाज़-ए-कदम उठाता क्यूँ नहीं
बढ़ कर देख ज़िंदगी में आगे, तू ठहराव के डर से घबराता क्यूँ नहीं
मिल जाएगी तुझे भी मंज़िल अपनी, ख़्वाबों का गुलदस्ता बना कर तो देख
कर के हौंसला बुलंद अपना, तू तक़दीर से लड़ाई लड़ाता क्यूँ नहीं।।

11

आशियाना

तेरे अल्फ़ाज़ों में
तेरी मुस्कान ढूँढता हूँ

तेरी बातों में
इश्क़ का बयाँ ढूँढता हूँ

हसरत है बस इक,
तेरे साथ रहने की

तेरे दिल में एक आशियाना,
इक मकान ढूँढता हूँ

है दूर तू मुझसे अभी,
तेरे पास आने के बहाने ढूँढता हूँ

कट जाये ज़िंदगी यूँ ही बातों बातों में,
तुझे सुनाने के लिए फ़साने ढूँढता हूँ

है बीत गये लम्हे काफ़ी,
आपस में तकरार करते हुए

रहे सिर्फ़ इश्क़ हमारे दरमियाँ,
ऐसे ख़ुदगर्ज़ ज़माने ढूँढता हूँ।।

रुबाइयाँ और शायरी

रहबर तेरी गुलज़ार तेरा
दुआओं में माँगा है दीदार तेरा
चाहतें तेरी मुस्कराहटें भी तेरी
ख्वाहिश तेरी है अंजाम मेरा।।

मेरे जनाज़े के पीछे चलने वालों, लौट जाओ!
देने के लिए अब मेरे पास कुछ नहीं।।

इरादे जिन्ना दे शेर वरगे, मिसरी वरगी जिन्ना दी बोली है
ओ लोकी है मेरे पंजाब दे, गल ऐ दुनिया कद्दी ना भुल्ली है
टोर ऐना दा सबतों निराला, निराली ऐना दी शान है
यारी पंजाबियाँ नु सबतों प्यारी, प्यारा पंजाबियाँ नु मान है।।

ना हमारी चोट दिखेगी, ना हमारा दर्द बोलेगा
मेरे सीने में दफ़्न ये घाव, तेरा नूर-ए-आईना ही खोलेगा
तेरी चाहत में दिन रात, मरे हम बेक़सूर यूँ ही
के कातिल मुस्कराएगा और अपने पाप धोलेगा।।

ना कोई दर्द-ए-बयाँ करता है
ना कोई इश्क़-ए-एहतराम करता है
अपना ही दर्द अपने आशिक़ से छिपा कर
कोई क्यूँ दिल-ए-बेईमान करता है

जुदा तुमसे तो हम कब के हो चुके
मस'ला ये है कि तुमको बताएँ कि नहीं

यारों, दिल-ए-हसरत ले आयी है मुझे फिर पास तुम्हारे
वो बंधन की बेड़ियाँ मैं तोड़ आया हूँ
जिसने दिल में रखी थी महफ़ूज़ हिम्मत मेरी
उस इश्क़-ए-गुलिस्ताँ को मैं पीछे छोड़ आया हूँ।।

जो कर लेते हम तुम बात अगर,
तेरी नादानियों पर मैं बिफरता नहीं
और ग़र रख लेते मेरा ग़ुरूर तुम अपनों में
अपनी नादानियों से मैं कभी सँवरता नहीं।।

तेरा चिल्लाना भी हम सह लेते मगर,
हद तब हुई जब तेरी खामोशियाँ बे-इज़्ज़त कर गई।।

www.ingramcontent.com/pod-product-compliance
Lightning Source LLC
LaVergne TN
LVHW090121160826
845673LV00015B/422

* 9 7 9 8 8 9 5 1 9 8 2 5 4 *